Rainer Maria Rilke
Gegenüber dem Hi

Zu diesem Buch

Rilkes Gedichte gehören zum unverzichtbaren Bestand der deutschen Literatur. Sie sind einzigartig in ihrer sprachlichen Kraft und im Glanz ihrer poetischen Bilder, sie haben bis heute nichts von ihrer Kühnheit und Gedankentiefe verloren. Eher haben sie am Ende des Jahrhunderts, an dessen Beginn Rilke stand, an düsterer Prophezeiungsmacht und Genauigkeit gewonnen – manches, von dem Rilke sprach, können erst wir Heutigen wirklich verstehen. Der Band wählt aus dem umfangreichen Werk Rilkes die schönsten Gedichte aus – Meisterwerke, die bei jedem neuen Lesen dazugewinnen. Die beiden Zyklen, die den Höhepunkt seines Schaffens bilden, die »Duineser Elegien« und »Die Sonette an Orpheus«, werden vollständig vorgestellt. Das Nachwort führt in den Zusammenhang von Leben und Werk Rainer Maria Rilkes ein.

Rainer Maria Rilke, ist am 4. Dezember 1875 in Prag geboren und am 29. Dezember 1926 bei Montreux gestorben. Seine Werke und Gedichtzyklen u. a.: »Das Buch der Bilder« (1902), »Das Stunden-Buch« (1905), »Die Weise von Liebe und Tod des Cornets Christoph Rilke« (1906), »Neue Gedichte« (1907), »Der Neuen Gedichte anderer Teil« (1908), »Aufzeichnungen des Malte Laurids Brigge« (1910), »Duineser Elegien« (1923), »Die Sonette an Orpheus« (1923).

Rainer Maria Rilke
Gegenüber dem Himmel
Die schönsten Gedichte

Herausgegeben von Uwe Heldt

Piper München Zürich

Von Rainer Maria Rilke liegt in der Serie Piper vor:
Gegenüber dem Himmel. Die schönsten Gedichte (2335)

Wolfgang Leppmann, Rilke (2394)

Originalausgabe
1. Auflage Januar 1997
5. Auflage Januar 2003
© 1997 Piper Verlag GmbH, München
Umschlag: Büro Hamburg
Isabel Bünermann, Meike Teubner
Umschlagfoto: Jake Wyman/photonica
Gesamtherstellung: Clausen & Bosse, Leck
Printed in Germany   ISBN 3-492-22335-4

www.piper.de

INHALT

Das Stunden-Buch
(Auswahl)
7

Das Buch der Bilder
(Auswahl)
31

Neue Gedichte
(Auswahl)
41

Duineser Elegien
55

Die Sonette an Orpheus
91

Gedichte aus dem Nachlass
149

Anhang
171

Das Stunden-Buch

(Auswahl)

ICH lebe mein Leben in wachsenden Ringen,
die sich über die Dinge ziehn.
Ich werde den letzten vielleicht nicht vollbringen,
aber versuchen will ich ihn.

Ich kreise um Gott, um den uralten Turm,
und ich kreise jahrtausendelang;
und ich weiß noch nicht: bin ich ein Falke, ein Sturm
oder ein großer Gesang.

Ich habe viele Brüder in Sutanen
im Süden, wo in Klöstern Lorbeer steht.
Ich weiß, wie menschlich sie Madonnen planen,
und träume oft von jungen Tizianen,
durch die der Gott in Gluten geht.

Doch wie ich mich auch in mich selber neige:
Mein Gott ist dunkel und wie ein Gewebe
von hundert Wurzeln, welche schweigsam trinken.
Nur, daß ich mich aus *seiner* Wärme hebe,
mehr weiß ich nicht, weil alle meine Zweige
tief unten ruhn und nur im Winde winken.

W IR dürfen dich nicht eigenmächtig malen,
du Dämmernde, aus der der Morgen stieg.
Wir holen aus den alten Farbenschalen
die gleichen Striche und die gleichen Strahlen,
mit denen dich der Heilige verschwieg.

Wir bauen Bilder vor dir auf wie Wände;
so daß schon tausend Mauern um dich stehn.
Denn dich verhüllen unsre frommen Hände
sooft dich unsre Herzen offen sehn.

MEIN Leben ist nicht diese steile Stunde,
darin du mich so eilen siehst.
Ich bin ein Baum vor meinem Hintergrunde,
ich bin nur einer meiner vielen Munde
und jener, welcher sich am frühsten schließt.

Ich bin die Ruhe zwischen zweien Tönen,
die sich nur schlecht aneinander gewöhnen:
denn der Ton Tod will sich erhöhn –

Aber im dunklen Intervall versöhnen
sich beide zitternd.
                      Und das Lied bleibt schön.

Ich finde dich in allen diesen Dingen,
denen ich gut und wie ein Bruder bin;
als Samen sonnst du dich in den geringen
und in den großen giebst du groß dich hin.

Das ist das wundersame Spiel der Kräfte,
daß sie so dienend durch die Dinge gehn:
in Wurzeln wachsend, schwindend in die Schäfte
und in den Wipfeln wie ein Auferstehn.

Ich liebe dich, du sanftestes Gesetz,
an dem wir reiften, da wir mit ihm rangen;
du großes Heimweh, das wir nicht bezwangen,
du Wald, aus dem wir nie hinausgegangen,
du Lied, das wir mit jedem Schweigen sangen,
du dunkles Netz,
darin sich flüchtend die Gefühle fangen.

Du hast dich so unendlich groß begonnen
an jenem Tage, da du uns begannst, –
und wir sind so gereift in deinen Sonnen,
so breit geworden und so tief gepflanzt,
daß du in Menschen, Engeln und Madonnen
dich ruhend jetzt vollenden kannst.

Laß deine Hand am Hang der Himmel ruhn
und dulde stumm, was wir dir dunkel tun.

WERKLEUTE sind wir: Knappen, Jünger, Meister,
und bauen dich, du hohes Mittelschiff.
Und manchmal kommt ein ernster Hergereister,
geht wie ein Glanz durch unsre hundert Geister
und zeigt uns zitternd einen neuen Griff.

Wir steigen in die wiegenden Gerüste,
in unsern Händen hängt der Hammer schwer,
bis eine Stunde uns die Stirnen küßte,
die strahlend und als ob sie Alles wüßte
von dir kommt, wie der Wind vom Meer.

Dann ist ein Hallen von dem vielen Hämmern
und durch die Berge geht es Stoß um Stoß.
Erst wenn es dunkelt lassen wir dich los:
Und deine kommenden Konturen dämmern.

Gott, du bist groß.

Was wirst du tun, Gott, wenn ich sterbe?
Ich bin dein Krug (wenn ich zerscherbe?)
Ich bin dein Trank (wenn ich verderbe?)
Bin dein Gewand und dein Gewerbe,
mit mir verlierst du deinen Sinn.

Nach mir hast du kein Haus, darin
dich Worte, nah und warm, begrüßen.
Es fällt von deinen müden Füßen
die Samtsandale, die ich bin.

Dein großer Mantel läßt dich los.
Dein Blick, den ich mit meiner Wange
warm, wie mit einem Pfühl, empfange,
wird kommen, wird mich suchen, lange –
und legt beim Sonnenuntergange
sich fremden Steinen in den Schooß.

Was wirst du tun, Gott? Ich bin bange.

MANCHMAL steht einer auf beim Abendbrot
und geht hinaus und geht und geht und geht, –
weil eine Kirche wo im Osten steht.

Und seine Kinder segnen ihn wie tot.

Und einer, welcher stirbt in seinem Haus,
bleibt drinnen wohnen, bleibt in Tisch und Glas,

so daß die Kinder in die Welt hinaus
zu jener Kirche ziehn, die er vergaß.

Die Könige der Welt sind alt
und werden keine Erben haben.
Die Söhne sterben schon als Knaben,
und ihre bleichen Töchter gaben
die kranken Kronen der Gewalt.

Der Pöbel bricht sie klein zu Geld,
der zeitgemäße Herr der Welt
dehnt sie im Feuer zu Maschinen,
die seinem Wollen grollend dienen;
aber das Glück ist nicht mit ihnen.

Das Erz hat Heimweh. Und verlassen
will es die Münzen und die Räder,
die es ein kleines Leben lehren.
Und aus Fabriken und aus Kassen
wird es zurück in das Geäder
der aufgetanen Berge kehren,
die sich verschließen hinter ihm.

JETZT reifen schon die roten Berberitzen,
alternde Astern atmen schwach im Beet.
Wer jetzt nicht reich ist, da der Sommer geht,
wird immer warten und sich nie besitzen.

Wer jetzt nicht seine Augen schließen kann,
gewiß, daß eine Fülle von Gesichten
in ihm nur wartet bis die Nacht begann,
um sich in seinem Dunkel aufzurichten: –
der ist vergangen wie ein alter Mann.

Dem kommt nichts mehr, dem stößt kein Tag mehr zu,
und alles lügt ihn an, was ihm geschieht;
auch du, mein Gott. Und wie ein Stein bist du,
welcher ihn täglich in die Tiefe zieht.

DENN, Herr, die großen Städte sind
verlorene und aufgelöste;
wie Flucht vor Flammen ist die größte, –
und ist kein Trost, daß er sie tröste,
und ihre kleine Zeit verrinnt.

Da leben Menschen, leben schlecht und schwer,
in tiefen Zimmern, bange von Gebärde,
geängsteter denn eine Erstlingsherde;
und draußen wacht und atmet deine Erde,
sie aber sind und wissen es nicht mehr.

Da wachsen Kinder auf an Fensterstufen,
die immer in demselben Schatten sind,
und wissen nicht, daß draußen Blumen rufen
zu einem Tag voll Weite, Glück und Wind, –
und müssen Kind sein und sind traurig Kind.

Da blühen Jungfraun auf zum Unbekannten
und sehnen sich nach ihrer Kindheit Ruh;
das aber ist nicht da, wofür sie brannten,
und zitternd schließen sie sich wieder zu.
Und haben in verhüllten Hinterzimmern
die Tage der enttäuschten Mutterschaft,
der langen Nächte willenloses Wimmern
und kalte Jahre ohne Kampf und Kraft.
Und ganz im Dunkel stehn die Sterbebetten,
und langsam sehnen sie sich dazu hin;
und sterben lange, sterben wie in Ketten
und gehen aus wie eine Bettlerin.

DA leben Menschen, weißerblühte, blasse,
und sterben staunend an der schweren Welt.
Und keiner sieht die klaffende Grimasse,
zu der das Lächeln einer zarten Rasse
in namenlosen Nächten sich entstellt.

Sie gehn umher, entwürdigt durch die Müh,
sinnlosen Dingen ohne Mut zu dienen,
und ihre Kleider werden welk an ihnen,
und ihre schönen Hände altern früh.

Die Menge drängt und denkt nicht sie zu schonen,
obwohl sie etwas zögernd sind und schwach, –
nur scheue Hunde, welche nirgends wohnen,
gehn ihnen leise eine Weile nach.

Sie sind gegeben unter hundert Quäler,
und, angeschrien von jeder Stunde Schlag,
kreisen sie einsam um die Hospitäler
und warten angstvoll auf den Einlaßtag.

Dort ist der Tod. Nicht jener, dessen Grüße
sie in der Kindheit wundersam gestreift, –
der kleine Tod, wie man ihn dort begreift;
ihr eigener hängt grün und ohne Süße
wie eine Frucht in ihnen, die nicht reift.

O HERR, gieb jedem seinen eignen Tod.
Das Sterben, das aus jenem Leben geht,
darin er Liebe hatte, Sinn und Not.

DENN wir sind nur die Schale und das Blatt.
Der große Tod, den jeder in sich hat,
das ist die Frucht, um die sich alles dreht.

Um ihretwillen heben Mädchen an
und kommen wie ein Baum aus einer Laute,
und Knaben sehnen sich um sie zum Mann;
und Frauen sind den Wachsenden Vertraute
für Ängste, die sonst niemand nehmen kann.
Um ihretwillen *bleibt* das Angeschaute
wie Ewiges, auch wenn es lang verrann, –
und jeder, welcher bildete und baute,
ward Welt um diese Frucht, und fror und taute
und windete ihr zu und schien sie an.
In sie ist eingegangen alle Wärme
der Herzen und der Hirne weißes Glühn –:
Doch deine Engel ziehn wie Vogelschwärme,
und sie erfanden alle Früchte grün.

HERR: Wir sind ärmer denn die armen Tiere,
die ihres Todes enden, wenn auch blind,
weil wir noch alle ungestorben sind.
Den gieb uns, der die Wissenschaft gewinnt,
das Leben aufzubinden in Spaliere,
um welche zeitiger der Mai beginnt.

Denn dieses macht das Sterben fremd und schwer,
daß es nicht *unser* Tod ist; einer der
uns endlich nimmt, nur weil wir keinen reifen.
Drum geht ein Sturm, uns alle abzustreifen.

Wir stehn in deinem Garten Jahr und Jahr
und sind die Bäume, süßen Tod zu tragen;
aber wir altern in den Erntetagen,
und so wie Frauen, welche du geschlagen,
sind wir verschlossen, schlecht und unfruchtbar.

Oder ist meine Hoffahrt ungerecht:
sind Bäume besser? Sind wir nur Geschlecht
und Schooß von Frauen, welche viel gewähren? –
Wir haben mit der Ewigkeit gehurt,
und wenn das Kreißbett da ist, so gebären
wir unsres Todes tote Fehlgeburt;
den krummen, kummervollen Embryo,
der sich (als ob ihn Schreckliches erschreckte)
die Augenkeime mit den Händen deckte
und dem schon auf der ausgebauten Stirne
die Angst von allem steht, was er nicht litt, –
und alle schließen so wie eine Dirne
in Kindbettkrämpfen und am Kaiserschnitt.

DIE großen Städte sind nicht wahr; sie täuschen
den Tag, die Nacht, die Tiere und das Kind;
ihr Schweigen lügt, sie lügen mit Geräuschen
und mit den Dingen, welche willig sind.

Nichts von dem weiten wirklichen Geschehen,
das sich um dich, du Werdender, bewegt,
geschieht in ihnen. Deiner Winde Wehen
fällt in die Gassen, die es anders drehen,
ihr Rauschen wird im Hin- und Wiedergehen
verwirrt, gereizt und aufgeregt.

Sie kommen auch zu Beeten und Alleen –:

DENN Gärten sind, – von Königen gebaut,
die eine kleine Zeit sich drin vergnügten
mit jungen Frauen, welche Blumen fügten
zu ihres Lachens wunderlichem Laut.
Sie hielten diese müden Parke wach;
sie flüsterten wie Lüfte in den Büschen,
sie leuchteten in Pelzen und in Plüschen,
und ihrer Morgenkleider Seidenrüschen
erklangen auf dem Kiesweg wie ein Bach.

Jetzt gehen ihnen alle Gärten nach –
und fügen still und ohne Augenmerk
sich in des fremden Frühlings helle Gammen
und brennen langsam mit des Herbstes Flammen
auf ihrer Äste großem Rost zusammen,
der kunstvoll wie aus tausend Monogrammen
geschmiedet scheint zu schwarzem Gitterwerk.

Und durch die Gärten blendet der Palast
(wie blasser Himmel mit verwischtem Lichte),
in seiner Säle welke Bilderlast
versunken wie in innere Gesichte,
fremd jedem Feste, willig zum Verzichte
und schweigsam und geduldig wie ein Gast.

DANN sah ich auch Paläste, welche leben;
sie brüsten sich den schönen Vögeln gleich,
die eine schlechte Stimme von sich geben.
Viele sind reich und wollen sich erheben, –
aber die Reichen *sind* nicht reich.

Nicht wie die Herren deiner Hirtenvölker,
der klaren, grünen Ebenen Bewölker
wenn sie mit schummerigem Schafgewimmel
darüber zogen wie ein Morgenhimmel.
Und wenn sie lagerten und die Befehle
verklungen waren in der neuen Nacht,
dann wars, als sei jetzt eine andre Seele
in ihrem flachen Wanderland erwacht –:
die dunklen Höhenzüge der Kamele
umgaben es mit der Gebirge Pracht.

Und der Geruch der Rinderherden lag
dem Zuge nach bis in den zehnten Tag,
war warm und schwer und wich dem Wind nicht aus.
Und wie in einem hellen Hochzeitshaus
die ganze Nacht die reichen Weine rinnen:
so kam die Milch aus ihren Eselinnen.

Und nicht wie jene Scheichs der Wüstenstämme,
die nächtens auf verwelktem Teppich ruhten,
aber Rubinen ihren Lieblingsstuten
einsetzen ließen in die Silberkämme.

Und nicht wie jene Fürsten, die des Golds
nicht achteten, das keinen Duft erfand,
und deren stolzes Leben sich verband
mit Ambra, Mandelöl und Sandelholz.

Nicht wie des Ostens weißer Gossudar,
dem Reiche eines Gottes Recht erwiesen;
er aber lag mit abgehärmtem Haar,
die alte Stirne auf des Fußes Fliesen,
und weinte, – weil aus allen Paradiesen
nicht *eine* Stunde seine war.

Nicht wie die Ersten alter Handelshäfen,
die sorgten, wie sie ihre Wirklichkeit
mit Bildern ohnegleichen überträfen
und ihre Bilder wieder mit der Zeit;
und die in ihres goldnen Mantels Stadt
zusammgefaltet waren wie ein Blatt,
nur leise atmend mit den weißen Schläfen...

Das waren Reiche, die das Leben zwangen
unendlich weit zu sein und schwer und warm.
Aber der Reichen Tage sind vergangen,
und keiner wird sie dir zurückverlangen,
nur mach die Armen endlich wieder arm.

SIE sind es nicht. Sie sind nur die Nicht-Reichen,
die ohne Willen sind und ohne Welt;
gezeichnet mit der letzten Ängste Zeichen
und überall entblättert und entstellt.

Zu ihnen drängt sich aller Staub der Städte,
und aller Unrat hängt sich an sie an.
Sie sind verrufen wie ein Blatternbette,
wie Scherben fortgeworfen, wie Skelette,
wie ein Kalender, dessen Jahr verrann, –
und doch: wenn deine Erde Nöte hätte:
sie reihte sie an eine Rosenkette
und trüge sie wie einen Talisman.

Denn sie sind reiner als die reinen Steine
und wie das blinde Tier, das erst beginnt,
und voller Einfalt und unendlich Deine
und wollen nichts und brauchen nur das *Eine*:

so arm sein dürfen, wie sie wirklich sind.

Denn Armut ist ein großer Glanz aus Innen...

Das Buch der Bilder

(Auswahl)

DER KNABE

ICH möchte einer werden so wie die,
die durch die Nacht mit wilden Pferden fahren,
mit Fackeln, die gleich aufgegangnen Haaren
in ihres Jagens großem Winde wehn.
Vorn möcht ich stehen wie in einem Kahne,
groß und wie eine Fahne aufgerollt.
Dunkel, aber mit einem Helm von Gold,
der unruhig glänzt. Und hinter mir gereiht
zehn Männer aus derselben Dunkelheit
mit Helmen, die, wie meiner, unstät sind,
bald klar wie Glas, bald dunkel, alt und blind...
Und einer steht bei mir und bläst uns Raum
mit der Trompete, welche blitzt und schreit,
und bläst uns eine schwarze Einsamkeit,
durch die wir rasen wie ein rascher Traum:
Die Häuser fallen hinter uns ins Knie,
die Gassen biegen sich uns schief entgegen,
die Plätze weichen aus: wir fassen sie,
und unsre Rosse rauschen wie ein Regen.

Pont du Carrousel

Der blinde Mann, der auf der Brücke steht,
grau wie ein Markstein namenloser Reiche,
er ist vielleicht das Ding, das immer gleiche,
um das von fern die Sternenstunde geht,
und der Gestirne stiller Mittelpunkt.
Denn alles um ihn irrt und rinnt und prunkt.

Er ist der unbewegliche Gerechte,
in viele wirre Wege hingestellt;
der dunkle Eingang in die Unterwelt
bei einem oberflächlichen Geschlechte.

HERBSTTAG

HERR: es ist Zeit. Der Sommer war sehr groß.
Leg deinen Schatten auf die Sonnenuhren,
und auf den Fluren laß die Winde los.

Befiehl den letzten Früchten voll zu sein;
gieb ihnen noch zwei südlichere Tage,
dränge sie zur Vollendung hin und jage
die letzte Süße in den schweren Wein.

Wer jetzt kein Haus hat, baut sich keines mehr.
Wer jetzt allein ist, wird es lange bleiben,
wird wachen, lesen, lange Briefe schreiben
und wird in den Alleen hin und her
unruhig wandern, wenn die Blätter treiben.

HERBST

Die Blätter fallen, fallen wie von weit,
als welkten in den Himmeln ferne Gärten;
sie fallen mit verneinender Gebärde.

Und in den Nächten fällt die schwere Erde
aus allen Sternen in die Einsamkeit.

Wir alle fallen. Diese Hand da fällt.
Und sieh dir andre an: es ist in allen.

Und doch ist Einer, welcher dieses Fallen
unendlich sanft in seinen Händen hält.

ERNSTE STUNDE

WER jetzt weint irgendwo in der Welt,
 ohne Grund weint in der Welt,
 weint über mich.

Wer jetzt lacht irgendwo in der Nacht,
 ohne Grund lacht in der Nacht,
 lacht mich aus.

Wer jetzt geht irgendwo in der Welt,
 ohne Grund geht in der Welt,
 geht zu mir.

Wer jetzt stirbt irgendwo in der Welt,
 ohne Grund stirbt in der Welt:
 sieht mich an.

STROPHEN

IST einer, der nimmt alle in die Hand,
daß sie wie Sand durch seine Finger rinnen.
Er wählt die schönsten aus den Königinnen
und läßt sie sich in weißen Marmor hauen,
still liegend in des Mantels Melodie;
und legt die Könige zu ihren Frauen,
gebildet aus dem gleichen Stein wie sie.

Ist einer, der nimmt alle in die Hand,
daß sie wie schlechte Klingen sind und brechen.
Er ist kein Fremder, denn er wohnt im Blut,
das unser Leben ist und rauscht und ruht.
Ich kann nicht glauben, daß er Unrecht tut;
doch hör ich viele Böses von ihm sprechen.

Schluszstück

Der Tod ist groß.
Wir sind die Seinen
lachenden Munds.
Wenn wir uns mitten im Leben meinen,
wagt er zu weinen
mitten in uns.

Neue Gedichte

(Auswahl)

DER PANTHER
Im Jardin des Plantes, Paris

SEIN Blick ist vom Vorübergehn der Stäbe
so müd geworden, daß er nichts mehr hält.
Ihm ist, als ob es tausend Stäbe gäbe
und hinter tausend Stäben keine Welt.

Der weiche Gang geschmeidig starker Schritte,
der sich im allerkleinsten Kreise dreht,
ist wie ein Tanz von Kraft um eine Mitte,
in der betäubt ein großer Wille steht.

Nur manchmal schiebt der Vorhang der Pupille
sich lautlos auf –. Dann geht ein Bild hinein,
geht durch der Glieder angespannte Stille –
und hört im Herzen auf zu sein.

BLAUE HORTENSIE

So wie das letzte Grün in Farbentiegeln
sind diese Blätter, trocken, stumpf und rauh,
hinter den Blütendolden, die ein Blau
nicht auf sich tragen, nur von ferne spiegeln.

Sie spiegeln es verweint und ungenau,
als wollten sie es wiederum verlieren,
und wie in alten blauen Briefpapieren
ist Gelb in ihnen, Violett und Grau;

Verwaschnes wie an einer Kinderschürze,
Nichtmehrgetragnes, dem nichts mehr geschieht:
wie fühlt man eines kleinen Lebens Kürze.

Doch plötzlich scheint das Blau sich zu verneuen
in einer von den Dolden, und man sieht
ein rührend Blaues sich vor Grünem freuen.

RÖMISCHE FONTÄNE
Borghese

ZWEI Becken, eins das andre übersteigend
aus einem alten runden Marmorrand,
und aus dem oberen Wasser leis sich neigend
zum Wasser, welches unten wartend stand,

dem leise redenden entgegenschweigend
und heimlich, gleichsam in der hohlen Hand,
ihm Himmel hinter Grün und Dunkel zeigend
wie einen unbekannten Gegenstand;

sich selber ruhig in der schönen Schale
verbreitend ohne Heimweh, Kreis aus Kreis,
nur manchmal träumerisch und tropfenweis

sich niederlassend an den Moosbehängen
zum letzten Spiegel, der sein Becken leis
von unten lächeln macht mit Übergängen.

Das Karussell
Jardin du Luxembourg

Mit einem Dach und seinem Schatten dreht
sich eine kleine Weile der Bestand
von bunten Pferden, alle aus dem Land,
das lange zögert, eh es untergeht.
Zwar manche sind an Wagen angespannt,
doch alle haben Mut in ihren Mienen;
ein böser roter Löwe geht mit ihnen
und dann und wann ein weißer Elefant.

Sogar ein Hirsch ist da, ganz wie im Wald,
nur daß er einen Sattel trägt und drüber
ein kleines blaues Mädchen aufgeschnallt.

Und auf dem Löwen reitet weiß ein Junge
und hält sich mit der kleinen heißen Hand,
dieweil der Löwe Zähne zeigt und Zunge.

Und dann und wann ein weißer Elefant.

Und auf den Pferden kommen sie vorüber,
auch Mädchen, helle, diesem Pferdesprunge
fast schon entwachsen; mitten in dem Schwunge
schauen sie auf, irgendwohin, herüber –

Und dann und wann ein weißer Elefant.

Und das geht hin und eilt sich, daß es endet,
und kreist und dreht sich nur und hat kein Ziel.
Ein Rot, ein Grün, ein Grau vorbeigesendet,
ein kleines kaum begonnenes Profil –.
Und manchesmal ein Lächeln, hergewendet,
ein seliges, das blendet und verschwendet
an dieses atemlose blinde Spiel...

Archaïscher Torso Apollos

Wir kannten nicht sein unerhörtes Haupt,
darin die Augenäpfel reiften. Aber
sein Torso glüht noch wie ein Kandelaber,
in dem sein Schauen, nur zurückgeschraubt,

sich hält und glänzt. Sonst könnte nicht der Bug
der Brust dich blenden, und im leisen Drehen
der Lenden könnte nicht ein Lächeln gehen
zu jener Mitte, die die Zeugung trug.

Sonst stünde dieser Stein entstellt und kurz
unter der Schultern durchsichtigem Sturz
und flimmerte nicht so wie Raubtierfelle;

und bräche nicht aus allen seinen Rändern
aus wie ein Stern: denn da ist keine Stelle,
die dich nicht sieht. Du mußt dein Leben ändern.

Der Tod der Geliebten

Er wußte nur vom Tod was alle wissen:
daß er uns nimmt und in das Stumme stößt.
Als aber sie, nicht von ihm fortgerissen,
nein, leis aus seinen Augen ausgelöst,

hinüberglitt zu unbekannten Schatten,
und als er fühlte, daß sie drüben nun
wie einen Mond ihr Mädchenlächeln hatten
und ihre Weise wohlzutun:

da wurden ihm die Toten so bekannt,
als wäre er durch sie mit einem jeden
ganz nah verwandt; er ließ die andern reden

und glaubte nicht und nannte jenes Land
das gutgelegene, das immersüße –
Und tastete es ab für ihre Füße.

Der König von Münster

Der König war geschoren;
nun ging ihm die Krone zu weit
und bog ein wenig die Ohren,
in die von Zeit zu Zeit

gehässiges Gelärme
aus Hungermäulern fand.
Er saß, von wegen der Wärme,
auf seiner rechten Hand,

mürrisch und schwergesäßig.
Er fühlte sich nicht mehr echt:
der Herr in ihm war mäßig,
und der Beischlaf war schlecht.

PAPAGEIEN-PARK
Jardin des Plantes, Paris

UNTER türkischen Linden, die blühen, an Rasenrändern,
in leise von ihrem Heimweh geschaukelten Ständern
atmen die Ara und wissen von ihren Ländern,
die sich, auch wenn sie nicht hinsehn, nicht verändern.

Fremd im beschäftigten Grünen wie eine Parade,
zieren sie sich und fühlen sich selber zu schade,
und mit den kostbaren Schnäbeln aus Jaspis und Jade
kauen sie Graues, verschleudern es, finden es fade.

Unten klauben die duffen Tauben, was sie nicht mögen,
während sich oben die höhnischen Vögel verbeugen
zwischen den beiden fast leeren vergeudeten Trögen.

Aber dann wiegen sie wieder und schläfern und äugen,
spielen mit dunkelen Zungen, die gerne lögen,
zerstreut an den Fußfesselringen. Warten auf Zeugen.

DAS ROSEN-INNERE

Wo ist zu diesem Innen
ein Außen? Auf welches Weh
legt man solches Linnen?
Welche Himmel spiegeln sich drinnen
in dem Binnensee
dieser offenen Rosen,
dieser sorglosen, sieh:
wie sie lose im Losen
liegen, als könnte nie
eine zitternde Hand sie verschütten.
Sie können sich selber kaum
halten; viele ließen
sich überfüllen und fließen
über von Innenraum
in die Tage, die immer
voller und voller sich schließen,
bis der ganze Sommer ein Zimmer
wird, ein Zimmer in einem Traum.

Die Flamingos
Jardin des Plantes, Paris

In Spiegelbildern wie von Fragonard
ist doch von ihrem Weiß und ihrer Röte
nicht mehr gegeben, als dir einer böte,
wenn er von seiner Freundin sagt: sie war

noch sanft von Schlaf. Denn steigen sie ins Grüne
und stehn, auf rosa Stielen leicht gedreht,
beisammen, blühend, wie in einem Beet,
verführen sie verführender als Phryne

sich selber; bis sie ihres Auges Bleiche
hinhaltend bergen in der eignen Weiche,
in welcher Schwarz und Fruchtrot sich versteckt.

Auf einmal kreischt ein Neid durch die Volière;
sie aber haben sich erstaunt gestreckt
und schreiten einzeln ins Imaginäre.

SCHLAFLIED

EINMAL wenn ich dich verlier,
wirst du schlafen können, ohne
daß ich wie eine Lindenkrone
mich verflüstre über dir?

Ohne daß ich hier wache und
Worte, beinah wie Augenlider,
auf deine Brüste, auf deine Glieder
niederlege, auf deinen Mund.

Ohne daß ich dich verschließ
und dich allein mit Deinem lasse
wie einen Garten mit einer Masse
von Melissen und Stern-Anis.

Der Ball

Du Runder, der das Warme aus zwei Händen
im Fliegen, oben, fortgiebt, sorglos wie
sein Eigenes; was in den Gegenständen
nicht bleiben kann, zu unbeschwert für sie,

zu wenig Ding und doch noch Ding genug,
um nicht aus allem draußen Aufgereihten
unsichtbar plötzlich in uns einzugleiten:
das glitt in dich, du zwischen Fall und Flug

noch Unentschlossener: der, wenn er steigt,
als hätte er ihn mit hinaufgehoben,
den Wurf entführt und freiläßt –, und sich neigt
und einhält und den Spielenden von oben
auf einmal eine neue Stelle zeigt,
sie ordnend wie zu einer Tanzfigur,

um dann, erwartet und erwünscht von allen,
rasch, einfach, kunstlos, ganz Natur,
dem Becher hoher Hände zuzufallen.

DUINESER ELEGIEN

Aus dem Besitz der Fürstin
Marie von Thurn und Taxis-Hohenlohe

Die erste Elegie

WER, wenn ich schriee, hörte mich denn aus der Engel
Ordnungen? und gesetzt selbst, es nähme
einer mich plötzlich ans Herz: ich verginge von seinem
stärkeren Dasein. Denn das Schöne ist nichts
als des Schrecklichen Anfang, den wir noch grade ertragen,
und wir bewundern es so, weil es gelassen verschmäht,
uns zu zerstören. Ein jeder Engel ist schrecklich.
 Und so verhalt ich mich denn und verschlucke den Lockruf
dunkelen Schluchzens. Ach, wen vermögen
wir denn zu brauchen? Engel nicht, Menschen nicht,
und die findigen Tiere merken es schon,
daß wir nicht sehr verläßlich zu Haus sind
in der gedeuteten Welt. Es bleibt uns vielleicht
irgend ein Baum an dem Abhang, daß wir ihn täglich
wiedersähen; es bleibt uns die Straße von gestern
und das verzogene Treusein einer Gewohnheit,
der es bei uns gefiel, und so blieb sie und ging nicht.
 O und die Nacht, die Nacht, wenn der Wind voller Weltraum
uns am Angesicht zehrt –, wem bliebe sie nicht, die ersehnte,
sanft enttäuschende, welche dem einzelnen Herzen
mühsam bevorsteht. Ist sie den Liebenden leichter?
Ach, sie verdecken sich nur mit einander ihr Los.
 Weißt du's *noch* nicht? Wirf aus den Armen die Leere
zu den Räumen hinzu, die wir atmen; vielleicht daß die Vögel
die erweiterte Luft fühlen mit innigerm Flug.

Ja, die Frühlinge brauchten dich wohl. Es muteten manche
Sterne dir zu, daß du sie spürtest. Es hob
sich eine Woge heran im Vergangenen, oder
da du vorüberkamst am geöffneten Fenster,
gab eine Geige sich hin. Das alles war Auftrag.

Aber bewältigtest du's? Warst du nicht immer
noch von Erwartung zerstreut, als kündigte alles
eine Geliebte dir an? (Wo willst du sie bergen,
da doch die großen fremden Gedanken bei dir
aus und ein gehn und öfters bleiben bei Nacht.)
Sehnt es dich aber, so singe die Liebenden; lange
noch nicht unsterblich genug ist ihr berühmtes Gefühl.
Jene, du neidest sie fast, Verlassenen, die du
so viel liebender fandst als die Gestillten. Beginn
immer von neuem die nie zu erreichende Preisung;
denk: es erhält sich der Held, selbst der Untergang war ihm
nur ein Vorwand, zu sein: seine letzte Geburt.
Aber die Liebenden nimmt die erschöpfte Natur
in sich zurück, als wären nicht zweimal die Kräfte,
dieses zu leisten. Hast du der Gaspara Stampa
denn genügend gedacht, daß irgend ein Mädchen,
dem der Geliebte entging, am gesteigerten Beispiel
dieser Liebenden fühlt: daß ich würde wie sie?
Sollen nicht endlich uns diese ältesten Schmerzen
fruchtbarer werden? Ist es nicht Zeit, daß wir liebend
uns vom Geliebten befrein und es bebend bestehn:
wie der Pfeil die Sehne besteht, um gesammelt im Absprung
mehr zu sein als er selbst. Denn Bleiben ist nirgends.

Stimmen, Stimmen. Höre, mein Herz, wie sonst nur
Heilige hörten: daß sie der riesige Ruf
aufhob vom Boden; sie aber knieten,
Unmögliche, weiter und achtetens nicht:
So waren sie hörend. Nicht, daß du *Gottes* ertrügest
die Stimme, bei weitem. Aber das Wehende höre,
die ununterbrochene Nachricht, die aus Stille sich bildet.
Es rauscht jetzt von jenen jungen Toten zu dir.
Wo immer du eintratst, redete nicht in Kirchen

zu Rom und Neapel ruhig ihr Schicksal dich an?
Oder es trug eine Inschrift sich erhaben dir auf,
wie neulich die Tafel in Santa Maria Formosa.
Was sie mir wollen? leise soll ich des Unrechts
Anschein abtun, der ihrer Geister
reine Bewegung manchmal ein wenig behindert.

Freilich ist es seltsam, die Erde nicht mehr zu bewohnen,
kaum erlernte Gebräuche nicht mehr zu üben,
Rosen, und andern eigens versprechenden Dingen
nicht die Bedeutung menschlicher Zukunft zu geben;
das, was man war in unendlich ängstlichen Händen,
nicht mehr zu sein, und selbst den eigenen Namen
wegzulassen wie ein zerbrochenes Spielzeug.
Seltsam, die Wünsche nicht weiterzuwünschen. Seltsam,
alles, was sich bezog, so lose im Raume
flattern zu sehen. Und das Totsein ist mühsam
und voller Nachholn, daß man allmählich ein wenig
Ewigkeit spürt. – Aber Lebendige machen
alle den Fehler, daß sie zu stark unterscheiden.
Engel (sagt man) wüßten oft nicht, ob sie unter
Lebenden gehn oder Toten. Die ewige Strömung
reißt durch beide Bereiche alle Alter
immer mit sich und übertönt sie in beiden.

Schließlich brauchen sie uns nicht mehr, die Früheentrückten,
man entwöhnt sich des Irdischen sanft, wie man den Brüsten
milde der Mutter entwächst. Aber wir, die so große
Geheimnisse brauchen, denen aus Trauer so oft
seliger Fortschritt entspringt –: *könnten* wir sein ohne sie?
Ist die Sage umsonst, daß einst in der Klage um Linos
wagende erste Musik dürre Erstarrung durchdrang;

daß erst im erschrockenen Raum, dem ein beinah
                              göttlicher Jüngling
plötzlich für immer enttrat, das Leere in jene
Schwingung geriet, die uns jetzt hinreißt und tröstet und hilft.

Die zweite Elegie

JEDER Engel ist schrecklich. Und dennoch, weh mir,
ansing ich euch, fast tödliche Vögel der Seele,
wissend um euch. Wohin sind die Tage Tobiae,
da der Strahlendsten einer stand an der einfachen Haustür,
zur Reise ein wenig verkleidet und schon nicht mehr furchtbar;
(Jüngling dem Jüngling, wie er neugierig hinaussah).
Träte der Erzengel jetzt, der gefährliche, hinter den Sternen
eines Schrittes nur nieder und herwärts: hochauf-
schlagend erschlüg uns das eigene Herz. Wer seid ihr?

Frühe Geglückte, ihr Verwöhnten der Schöpfung,
Höhenzüge, morgenrötliche Grate
aller Erschaffung, — Pollen der blühenden Gottheit,
Gelenke des Lichtes, Gänge, Treppen, Throne,
Räume aus Wesen, Schilde aus Wonne, Tumulte
stürmisch entzückten Gefühls und plötzlich, einzeln,
Spiegel: die die entströmte eigene Schönheit
wiederschöpfen zurück in das eigene Antlitz.

Denn wir, wo wir fühlen, verflüchtigen; ach wir
atmen uns aus und dahin; von Holzglut zu Holzglut
geben wir schwächern Geruch. Da sagt uns wohl einer:
ja, du gehst mir ins Blut, dieses Zimmer, der Frühling
füllt sich mit dir... Was hilfts, er kann uns nicht halten,
wir schwinden in ihm und um ihn. Und jene, die schön sind,
o wer hält sie zurück? Unaufhörlich steht Anschein
auf in ihrem Gesicht und geht fort. Wie Tau von dem Frühgras
hebt sich das Unsre von uns, wie die Hitze von einem
heißen Gericht. O Lächeln, wohin? O Aufschaun:
neue, warme, entgehende Welle des Herzens —;

weh mir: wir *sinds* doch. Schmeckt denn der Weltraum,
in den wir uns lösen, nach uns? Fangen die Engel
wirklich nur Ihriges auf, ihnen Entströmtes,
oder ist manchmal, wie aus Versehen, ein wenig
unseres Wesens dabei? Sind wir in ihre
Züge soviel nur gemischt wie das Vage in die Gesichter
schwangerer Frauen? Sie merken es nicht in dem Wirbel
ihrer Rückkehr zu sich. (Wie sollten sie's merken.)

Liebende könnten, verstünden sie's, in der Nachtluft
wunderlich reden. Denn es scheint, daß uns alles
verheimlicht. Siehe, die Bäume *sind*; die Häuser,
die wir bewohnen, bestehn noch. Wir nur
ziehen allem vorbei wie ein luftiger Austausch.
Und alles ist einig, uns zu verschweigen, halb als
Schande vielleicht und halb als unsägliche Hoffnung.

Liebende, euch, ihr in einander Genügten,
frag ich nach uns. Ihr greift euch. Habt ihr Beweise?
Seht, mir geschieht, daß meine Hände einander
inne werden oder daß mein gebrauchtes
Gesicht in ihnen sich schont. Das giebt mir ein wenig
Empfindung. Doch wer wagte darum schon zu *sein*?
Ihr aber, die ihr im Entzücken des anderen
zunehmt, bis er euch überwältigt
anfleht: nicht *mehr* –; die ihr unter den Händen
euch reichlicher werdet wie Traubenjahre;
die ihr manchmal vergeht, nur weil der andre
ganz überhand nimmt: euch frag ich nach uns. Ich weiß,
ihr berührt euch so selig, weil die Liebkosung verhält,
weil die Stelle nicht schwindet, die ihr, Zärtliche,
zudeckt; weil ihr darunter das reine

Dauern verspürt. So versprecht ihr euch Ewigkeit fast
von der Umarmung. Und doch, wenn ihr der ersten
Blicke Schrecken besteht und die Sehnsucht am Fenster,
und den ersten gemeinsamen Gang, *ein* Mal durch den Garten:
Liebende, *seid* ihrs dann noch? Wenn ihr einer dem andern
euch an den Mund hebt und ansetzt –: Getränk an Getränk:
o wie entgeht dann der Trinkende seltsam der Handlung.

Erstaunte euch nicht auf attischen Stelen die Vorsicht
menschlicher Geste? war nicht Liebe und Abschied
so leicht auf die Schultern gelegt, als wär es aus anderm
Stoffe gemacht als bei uns? Gedenkt euch der Hände,
wie sie drucklos beruhen, obwohl in den Torsen die Kraft steht.
Diese Beherrschten wußten damit: so weit sind wirs,
dieses ist unser, uns *so* zu berühren; stärker
stemmen die Götter uns an. Doch dies ist Sache der Götter.

Fänden auch wir ein reines, verhaltenes, schmales
Menschliches, einen unseren Streifen Fruchtlands
zwischen Strom und Gestein. Denn das eigene Herz übersteigt uns
noch immer wie jene. Und wir können ihm nicht mehr
nachschaun in Bilder, die es besänftigen, noch in
göttliche Körper, in denen es größer sich mäßigt.

Die dritte Elegie

EINES ist, die Geliebte zu singen. Ein anderes, wehe,
jenen verborgenen schuldigen Fluß-Gott des Bluts.
Den sie von weitem erkennt, ihren Jüngling, was weiß er
selbst von dem Herren der Lust, der aus dem Einsamen oft,
ehe das Mädchen noch linderte, oft auch als wäre sie nicht,
ach, von welchem Unkenntlichen triefend, das Gotthaupt
aufhob, aufrufend die Nacht zu unendlichem Aufruhr.
O des Blutes Neptun, o sein furchtbarer Dreizack.
O der dunkele Wind seiner Brust aus gewundener Muschel.
Horch, wie die Nacht sich muldet und höhlt. Ihr Sterne,
stammt nicht von euch des Liebenden Lust zu dem Antlitz
seiner Geliebten? Hat er die innige Einsicht
in ihr reines Gesicht nicht aus dem reinen Gestirn?

Du nicht hast ihm, wehe, nicht seine Mutter
hat ihm die Bogen der Braun so zur Erwartung gespannt.
Nicht an dir, ihn fühlendes Mädchen, an dir nicht
bog seine Lippe sich zum fruchtbarern Ausdruck.
Meinst du wirklich, ihn hätte dein leichter Auftritt
also erschüttert, du, die wandelt wie Frühwind?
Zwar du erschrakst ihm das Herz; doch ältere Schrecken
stürzten in ihn bei dem berührenden Anstoß.
Ruf ihn... du rufst ihn nicht ganz aus dunkelem Umgang.
Freilich, er *will*, er entspringt; erleichtert gewöhnt er
sich in dein heimliches Herz und nimmt und beginnt sich.
Aber begann er sich je?
Mutter, *du* machtest ihn klein, du warsts, die ihn anfing;
dir war er neu, du beugtest über die neuen
Augen die freundliche Welt und wehrtest der fremden.
Wo, ach, hin sind die Jahre, da du ihm einfach
mit der schlanken Gestalt wallendes Chaos vertratst?

Vieles verbargst du ihm so; das nächtlich-verdächtige Zimmer
machtest du harmlos, aus deinem Herzen voll Zuflucht
mischtest du menschlichern Raum seinem Nacht-Raum hinzu.
Nicht in die Finsternis, nein, in dein näheres Dasein
hast du das Nachtlicht gestellt, und es schien wie aus
                                                    Freundschaft.
Nirgends ein Knistern, das du nicht lächelnd erklärtest,
so als wüßtest du längst, *wann* sich die Diele benimmt...
Und er horchte und linderte sich. So vieles vermochte
zärtlich dein Aufstehn; hinter den Schrank trat
hoch im Mantel sein Schicksal, und in die Falten des Vorhangs
paßte, die leicht sich verschob, seine unruhige Zukunft.

Und er selbst, wie er lag, der Erleichterte, unter
schläfernden Lidern deiner leichten Gestaltung
Süße lösend in den gekosteten Vorschlaf –:
schien ein Gehüteter... Aber *innen:* wer wehrte,
hinderte innen in ihm die Fluten der Herkunft?
Ach, da *war* keine Vorsicht im Schlafenden; schlafend,
aber träumend, aber in Fiebern: wie er sich ein-ließ.
Er, der Neue, Scheuende, wie er verstrickt war,
mit des innern Geschehns weiterschlagenden Ranken
schon zu Mustern verschlungen, zu würgendem Wachstum,
                                                      zu tierhaft
jagenden Formen. Wie er sich hingab –. Liebte.
Liebte sein Inneres, seines Inneren Wildnis,
diesen Urwald in ihm, auf dessen stummem Gestürztsein
lichtgrün sein Herz stand. Liebte. Verließ es, ging die
eigenen Wurzeln hinaus in gewaltigen Ursprung,
wo seine kleine Geburt schon überlebt war. Liebend
stieg er hinab in das ältere Blut, in die Schluchten,
wo das Furchtbare lag, noch satt von den Vätern. Und jedes
Schreckliche kannte ihn, blinzelte, war wie verständigt.

Ja, das Entsetzliche lächelte... Selten
hast du so zärtlich gelächelt, Mutter. Wie sollte
er es nicht lieben, da es ihm lächelte. *Vor* dir
hat ers geliebt, denn, da du ihn trugst schon,
war es im Wasser gelöst, das den Keimenden leicht macht.

Siehe, wir lieben nicht, wie die Blumen, aus einem
einzigen Jahr; uns steigt, wo wir lieben,
unvordenklicher Saft in die Arme. O Mädchen,
dies: daß wir liebten *in* uns, nicht Eines, ein Künftiges, sondern
das zahllos Brauende; nicht ein einzelnes Kind,
sondern die Väter, die wie Trümmer Gebirgs
uns im Grunde beruhn; sondern das trockene Flußbett
einstiger Mütter —; sondern die ganze
lautlose Landschaft unter dem wolkigen oder
reinen Verhängnis —: *dies* kam dir, Mädchen, zuvor.

Und du selber, was weißt du —, du locktest
Vorzeit empor in dem Liebenden. Welche Gefühle
wühlten herauf aus entwandelten Wesen. Welche
Frauen haßten dich da. Was für finstere Männer
regtest du auf im Geäder des Jünglings? Tote
Kinder wollten zu dir... O leise, leise,
tu ein liebes vor ihm, ein verläßliches Tagwerk, — führ ihn
nah an den Garten heran, gieb ihm der Nächte
Übergewicht......
              Verhalt ihn......

Die vierte Elegie

O Bäume Lebens, o wann winterlich?
Wir sind nicht einig. Sind nicht wie die Zug-
vögel verständigt. Überholt und spät,
so drängen wir uns plötzlich Winden auf
und fallen ein auf teilnahmslosen Teich.
Blühn und verdorrn ist uns zugleich bewußt.
Und irgendwo gehn Löwen noch und wissen,
solang sie herrlich sind, von keiner Ohnmacht.

Uns aber, wo wir Eines meinen, ganz,
ist schon des andern Aufwand fühlbar. Feindschaft
ist uns das Nächste. Treten Liebende
nicht immerfort an Ränder, eins im andern,
die sich versprachen Weite, Jagd und Heimat.
  Da wird für eines Augenblickes Zeichnung
ein Grund von Gegenteil bereitet, mühsam,
daß wir sie sähen; denn man ist sehr deutlich
mit uns. Wir kennen den Kontur
des Fühlens nicht: nur, was ihn formt von außen.
  Wer saß nicht bang vor seines Herzens Vorhang?
Der schlug sich auf: die Szenerie war Abschied.
Leicht zu verstehen. Der bekannte Garten,
und schwankte leise: dann erst kam der Tänzer.
Nicht *der*. Genug! Und wenn er auch so leicht tut,
er ist verkleidet und er wird ein Bürger
und geht durch seine Küche in die Wohnung.
  Ich will nicht diese halbgefüllten Masken,
lieber die Puppe. Die ist voll. Ich will
den Balg aushalten und den Draht und ihr
Gesicht aus Aussehn. Hier. Ich bin davor.
Wenn auch die Lampen ausgehn, wenn mir auch

gesagt wird: Nichts mehr –, wenn auch von der Bühne
das Leere herkommt mit dem grauen Luftzug,
wenn auch von meinen stillen Vorfahrn keiner
mehr mit mir dasitzt, keine Frau, sogar
der Knabe nicht mehr mit dem braunen Schielaug:
Ich bleibe dennoch. Es giebt immer Zuschaun.

Hab ich nicht recht? Du, der um mich so bitter
das Leben schmeckte, meines kostend, Vater,
den ersten trüben Aufguß meines Müssens,
da ich heranwuchs, immer wieder kostend
und, mit dem Nachgeschmack so fremder Zukunft
beschäftigt, prüftest mein beschlagnes Aufschaun, –
der du, mein Vater, seit du tot bist, oft
in meiner Hoffnung, innen in mir, Angst hast,
und Gleichmut, wie ihn Tote haben, Reiche
von Gleichmut, aufgiebst für mein bißchen Schicksal,
hab ich nicht recht? Und ihr, hab ich nicht recht,
die ihr mich liebtet für den kleinen Anfang
Liebe zu euch, von dem ich immer abkam,
weil mir der Raum in eurem Angesicht,
da ich ihn liebte, überging in Weltraum,
in dem ihr nicht mehr wart....: wenn mir zumut ist,
zu warten vor der Puppenbühne, nein,
so völlig hinzuschaun, daß, um mein Schauen
am Ende aufzuwiegen, dort als Spieler
ein Engel hinmuß, der die Bälge hochreißt.
Engel und Puppe: dann ist endlich Schauspiel.
Dann kommt zusammen, was wir immerfort
entzwein, indem wir da sind. Dann entsteht
aus unsern Jahreszeiten erst der Umkreis
des ganzen Wandelns. Über uns hinüber
spielt dann der Engel. Sieh, die Sterbenden,

sollten sie nicht vermuten, wie voll Vorwand
das alles ist, was wir hier leisten. Alles
ist nicht es selbst. O Stunden in der Kindheit,
da hinter den Figuren mehr als nur
Vergangnes war und vor uns nicht die Zukunft.
Wir wuchsen freilich und wir drängten manchmal,
bald groß zu werden, denen halb zulieb,
die andres nicht mehr hatten, als das Großsein.
Und waren doch, in unserem Alleingehn,
mit Dauerndem vergnügt und standen da
im Zwischenraume zwischen Welt und Spielzeug,
an einer Stelle, die seit Anbeginn
gegründet war für einen reinen Vorgang.

Wer zeigt ein Kind, so wie es steht? Wer stellt
es ins Gestirn und giebt das Maß des Abstands
ihm in die Hand? Wer macht den Kindertod
aus grauem Brot, das hart wird, – oder läßt
ihn drin im runden Mund, so wie den Gröps
von einem schönen Apfel?......Mörder sind
leicht einzusehen. Aber dies: den Tod,
den ganzen Tod, noch *vor* dem Leben so
sanft zu enthalten und nicht bös zu sein,
ist unbeschreiblich.

Die fünfte Elegie
Frau Hertha Koenig zugeeignet

WER aber *sind* sie, sag mir, die Fahrenden, diese ein wenig
Flüchtigern noch als wir selbst, die dringend von früh an
wringt ein *wem*, *wem* zu Liebe
niemals zufriedener Wille? Sondern er wringt sie,
biegt sie, schlingt sie und schwingt sie,
wirft sie und fängt sie zurück; wie aus geölter,
glatterer Luft kommen sie nieder
auf dem verzehrten, von ihrem ewigen
Aufsprung dünneren Teppich, diesem verlorenen
Teppich im Weltall.
Aufgelegt wie ein Pflaster, als hätte der Vorstadt-
Himmel der Erde dort wehe getan.
                                            Und kaum dort,
aufrecht, da und gezeigt: des Dastehns
großer Anfangsbuchstab..., schon auch, die stärksten
Männer, rollt sie wieder, zum Scherz, der immer
kommende Griff, wie August der Starke bei Tisch
einen zinnenen Teller.

Ach und um diese
Mitte, die Rose des Zuschauns:
blüht und entblättert. Um diesen
Stampfer, den Stempel, den von dem eignen
blühenden Staub getroffnen, zur Scheinfrucht
wieder der Unlust befruchteten, ihrer
niemals bewußten, – glänzend mit dünnster
Oberfläche leicht scheinlächelnden Unlust.

Da: der welke, faltige Stemmer,
der alte, der nur noch trommelt,
eingegangen in seiner gewaltigen Haut, als hätte sie früher
zwei Männer enthalten, und einer
läge nun schon auf dem Kirchhof, und er überlebte den andern,
taub und manchmal ein wenig
wirr, in der verwitweten Haut.

Aber der junge, der Mann, als wär er der Sohn eines Nackens
und einer Nonne: prall und strammig erfüllt
mit Muskeln und Einfalt.

Oh ihr,
die ein Leid, das noch klein war,
einst als Spielzeug bekam, in einer seiner
langen Genesungen....

Du, der mit dem Aufschlag,
wie nur Früchte ihn kennen, unreif,
täglich hundertmal abfällt vom Baum der gemeinsam
erbauten Bewegung (der, rascher als Wasser, in wenig
Minuten Lenz, Sommer und Herbst hat) –
abfällt und anprallt ans Grab:
manchmal, in halber Pause, will dir ein liebes
Antlitz entstehn hinüber zu deiner selten
zärtlichen Mutter; doch an deinen Körper verliert sich,
der es flächig verbraucht, das schüchtern
kaum versuchte Gesicht... Und wieder
klatscht der Mann in die Hand zu dem Ansprung, und eh dir
jemals ein Schmerz deutlicher wird in der Nähe des immer
trabenden Herzens, kommt das Brennen der Fußsohln

ihm, seinem Ursprung, zuvor mit ein paar dir
rasch in die Augen gejagten leiblichen Tränen.
Und dennoch, blindlings,
das Lächeln.....

Engel! o nimms, pflücks, das kleinblütige Heilkraut.
Schaff eine Vase, verwahrs! Stells unter jene, uns *noch* nicht
offenen Freuden; in lieblicher Urne
rühms mit blumiger schwungiger Aufschrift: ›*Subrisio Saltat.*‹.
   Du dann, Liebliche,
du, von den reizendsten Freuden
stumm Übersprungne. Vielleicht sind
deine Fransen glücklich für dich –,
oder über den jungen
prallen Brüsten die grüne metallene Seide
fühlt sich unendlich verwöhnt und entbehrt nichts.
Du,
immerfort anders auf alle des Gleichgewichts schwankende
                                                          Waagen
hingelegte Marktfrucht des Gleichmuts,
öffentlich unter den Schultern.

Wo, o *wo* ist der Ort – ich trag ihn im Herzen –,
wo sie noch lange nicht *konnten*, noch von einander
abfiel, wie sich bespringende, nicht recht
paarige Tiere; –
wo die Gewichte noch schwer sind;
wo noch von ihren vergeblich
wirbelnden Stäben die Teller
torkeln.....

Und plötzlich in diesem mühsamen Nirgends, plötzlich
die unsägliche Stelle, wo sich das reine Zuwenig
unbegreiflich verwandelt –, umspringt
in jenes leere Zuviel.
Wo die vielstellige Rechnung
zahlenlos aufgeht.

Plätze, o Platz in Paris, unendlicher Schauplatz,
wo die Modistin, *Madame Lamort*,
die ruhlosen Wege der Erde, endlose Bänder,
schlingt und windet und neue aus ihnen
Schleifen erfindet, Rüschen, Blumen, Kokarden,
                          künstliche Früchte –, alle
unwahr gefärbt, – für die billigen
Winterhüte des Schicksals.
....

Engel!: Es wäre ein Platz, den wir nicht wissen, und dorten,
auf unsäglichem Teppich, zeigten die Liebenden, die's hier
bis zum Können nie bringen, ihre kühnen
hohen Figuren des Herzschwungs,
ihre Türme aus Lust, ihre
längst, wo Boden nie war, nur an einander
lehnenden Leitern, bebend, – und *könntens*,
vor den Zuschauern rings, unzähligen lautlosen Toten:
    Würfen die dann ihre letzten, immer ersparten,
immer verborgenen, die wir nicht kennen, ewig
gültigen Münzen des Glücks vor das endlich
wahrhaft lächelnde Paar auf gestilltem
Teppich?

Die sechste Elegie

FEIGENBAUM, seit wie lange schon ists mir bedeutend,
wie du die Blüte beinah ganz überschlägst
und hinein in die zeitig entschlossene Frucht,
ungerühmt, drängst dein reines Geheimnis.
Wie der Fontäne Rohr treibt dein gebognes Gezweig
abwärts den Saft und hinan: und er springt aus dem Schlaf,
fast nicht erwachend, ins Glück seiner süßesten Leistung.
Sieh: wie der Gott in den Schwan.
      ......Wir aber verweilen,
ach, uns rühmt es zu blühn, und ins verspätete Innre
unserer endlichen Frucht gehn wir verraten hinein.
Wenigen steigt so stark der Andrang des Handelns,
daß sie schon anstehn und glühn in der Fülle des Herzens,
wenn die Verführung zum Blühn wie gelinderte Nachtluft
ihnen die Jugend des Munds, ihnen die Lider berührt:
Helden vielleicht und den frühe Hinüberbestimmten,
denen der gärtnernde Tod anders die Adern verbiegt.
Diese stürzen dahin: dem eigenen Lächeln
sind sie voran, wie das Rossegespann in den milden
muldigen Bildern von Karnak dem siegenden König.

Wunderlich nah ist der Held doch den jugendlich Toten. Dauern
ficht ihn nicht an. Sein Aufgang ist Dasein; beständig
nimmt er sich fort und tritt ins veränderte Sternbild
seiner steten Gefahr. Dort fänden ihn wenige. Aber,
das uns finster verschweigt, das plötzlich begeisterte Schicksal
singt ihn hinein in den Sturm seiner aufrauschenden Welt.
Hör ich doch keinen wie *ihn*. Auf einmal durchgeht mich
mit der strömenden Luft sein verdunkelter Ton.

Dann, wie verbärg ich mich gern vor der Sehnsucht: O wär ich,
wär ich ein Knabe und dürft es noch werden und säße
in die künftigen Arme gestützt und läse von Simson,
wie seine Mutter erst nichts und dann alles gebar.

War er nicht Held schon in dir, o Mutter, begann nicht
dort schon, in dir, seine herrische Auswahl?
Tausende brauten im Schooß und wollten *er* sein,
aber sieh: er ergriff und ließ aus –, wählte und konnte.
Und wenn er Säulen zerstieß, so wars, da er ausbrach
aus der Welt deines Leibs in die engere Welt, wo er weiter
wählte und konnte. O Mütter der Helden, o Ursprung
reißender Ströme! Ihr Schluchten, in die sich
hoch von dem Herzrand, klagend,
schon die Mädchen gestürzt, künftig die Opfer dem Sohn.

Denn hinstürmte der Held durch Aufenthalte der Liebe,
jeder hob ihn hinaus, jeder ihn meinende Herzschlag,
abgewendet schon, stand er am Ende der Lächeln, – anders.

Die siebente Elegie

WERBUNG nicht mehr, nicht Werbung, entwachsene Stimme,
sei deines Schreies Natur; zwar schrieest du rein wie der Vogel,
wenn ihn die Jahreszeit aufhebt, die steigende, beinah vergessend,
daß er ein kümmerndes Tier und nicht nur ein einzelnes Herz sei,
das sie ins Heitere wirft, in die innigen Himmel. Wie er, so
würbest du wohl, nicht minder –, daß, noch unsichtbar,
dich die Freundin erführ, die stille, in der eine Antwort
langsam erwacht und über dem Hören sich anwärmt, –
deinem erkühnten Gefühl die erglühte Gefühlin.

O und der Frühling begriffe –, da ist keine Stelle,
die nicht trüge den Ton der Verkündigung. Erst jenen kleinen
fragenden Auflaut, den, mit steigernder Stille,
weithin umschwingt ein reiner bejahender Tag.
Dann die Stufen hinan, Ruf-Stufen hinan, zum geträumten
Tempel der Zukunft –; dann den Triller, Fontäne,
die zu dem drängenden Strahl schon das Fallen zuvornimmt
im versprechlichen Spiel.... Und vor sich, den Sommer.

Nicht nur die Morgen alle des Sommers –, nicht nur
wie sie sich wandeln in Tag und strahlen vor Anfang.
Nicht nur die Tage, die zart sind um Blumen, und oben,
um die gestalteten Bäume, stark und gewaltig.
Nicht nur die Andacht dieser entfalteten Kräfte,
nicht nur die Wege, nicht nur die Wiesen im Abend,
nicht nur, nach spätem Gewitter, das atmende Klarsein,
nicht nur der nahende Schlaf und ein Ahnen, abends...
sondern die Nächte! Sondern die hohen, des Sommers,
Nächte, sondern die Sterne, die Sterne der Erde.
O einst tot sein und sie wissen unendlich,
alle die Sterne: denn wie, wie, wie sie vergessen!

Siehe, da rief ich die Liebende. Aber nicht *sie* nur
käme... Es kämen aus schwächlichen Gräbern
Mädchen und ständen... Denn, wie beschränk ich,
wie, den gerufenen Ruf? Die Versunkenen suchen
immer noch Erde. – Ihr Kinder, ein hiesig
einmal ergriffenes Ding gälte für viele.
Glaubt nicht, Schicksal sei mehr, als das Dichte der Kindheit;
wie überholtet ihr oft den Geliebten, atmend,
atmend nach seligem Lauf, auf nichts zu, ins Freie.

Hiersein ist herrlich. Ihr wußtet es, Mädchen, *ihr* auch,
die ihr scheinbar entbehrtet, versankt –, ihr, in den ärgsten
Gassen der Städte, Schwärende, oder dem Abfall
Offene. Denn eine Stunde war jeder, vielleicht nicht
ganz eine Stunde, ein mit den Maßen der Zeit kaum
Meßliches zwischen zwei Weilen –, da sie ein Dasein
hatte. Alles. Die Adern voll Dasein.
Nur, wir vergessen so leicht, was der lachende Nachbar
uns nicht bestätigt oder beneidet. Sichtbar
wollen wirs heben, wo doch das sichtbarste Glück uns
erst zu erkennen sich giebt, wenn wir es innen verwandeln.

Nirgends, Geliebte, wird Welt sein, als innen. Unser
Leben geht hin mit Verwandlung. Und immer geringer
schwindet das Außen. Wo einmal ein dauerndes Haus war,
schlägt sich erdachtes Gebild vor, quer, zu Erdenklichem
völlig gehörig, als ständ es noch ganz im Gehirne.
Weite Speicher der Kraft schafft sich der Zeitgeist, gestaltlos
wie der spannende Drang, den er aus allem gewinnt.
Tempel kennt er nicht mehr. Diese, des Herzens, Verschwendung
sparen wir heimlicher ein. Ja, wo noch eins übersteht,
ein einst gebetetes Ding, ein gedientes, gekniees –,

hält es sich, so wie es ist, schon ins Unsichtbare hin.
Viele gewahrens nicht mehr, doch ohne den Vorteil,
daß sie's nun *innerlich* baun, mit Pfeilern und Statuen, größer!

Jede dumpfe Umkehr der Welt hat solche Enterbte,
denen das Frühere nicht und noch nicht das Nächste gehört.
Denn auch das Nächste ist weit für die Menschen. *Uns* soll
dies nicht verwirren; es stärke in uns die Bewahrung
der noch erkannten Gestalt. – Dies *stand* einmal unter
                                                  Menschen,
mitten im Schicksal stands, im vernichtenden, mitten
im Nichtwissen-Wohin stand es, wie seiend, und bog
Sterne zu sich aus gesicherten Himmeln. Engel,
dir noch zeig ich es, *da!* in deinem Anschaun
steh es gerettet zuletzt, nun endlich aufrecht.
Säulen, Pylone, der Sphinx, das strebende Stemmen,
grau aus vergehender Stadt oder aus fremder, des Doms.

War es nicht Wunder? O staune, Engel, denn *wir* sinds,
wir, o du Großer, erzähls, daß wir solches vermochten,
                                                  mein Atem
reicht für die Rühmung nicht aus. So haben wir dennoch
nicht die Räume versäumt, diese gewährenden, diese
unseren Räume. (Was müssen sie fürchterlich groß sein,
da sie Jahrtausende nicht unseres Fühlns überfülln.)
Aber ein Turm war groß, nicht wahr? O Engel, er war es, –
groß, auch noch neben dir? Chartres war groß –, und Musik
reichte noch weiter hinan und überstieg uns. Doch selbst nur
eine Liebende –, oh, allein am nächtlichen Fenster....
reichte sie dir nicht ans Knie –?
                                Glaub *nicht*, daß ich werbe.
Engel, und würb ich dich auch! Du kommst nicht. Denn mein

Anruf ist immer voll Hinweg; wider so starke
Strömung kannst du nicht schreiten. Wie ein gestreckter
Arm ist mein Rufen. Und seine zum Greifen
oben offene Hand bleibt vor dir
offen, wie Abwehr und Warnung,
Unfaßlicher, weitauf.

Die achte Elegie
Rudolf Kassner zugeeignet

Mit allen Augen sieht die Kreatur
das Offene. Nur unsre Augen sind
wie umgekehrt und ganz um sie gestellt
als Fallen, rings um ihren freien Ausgang.
Was draußen *ist*, wir wissens aus des Tiers
Antlitz allein; denn schon das frühe Kind
wenden wir um und zwingens, daß es rückwärts
Gestaltung sehe, nicht das Offne, das
im Tiergesicht so tief ist. Frei von Tod.
Ihn sehen wir allein; das freie Tier
hat seinen Untergang stets hinter sich
und vor sich Gott, und wenn es geht, so gehts
in Ewigkeit, so wie die Brunnen gehen.
  Wir haben nie, nicht einen einzigen Tag,
den reinen Raum vor uns, in den die Blumen
unendlich aufgehn. Immer ist es Welt
und niemals Nirgends ohne Nicht: das Reine,
Unüberwachte, das man atmet und
unendlich *weiß* und nicht begehrt. Als Kind
verliert sich eins im Stilln an dies und wird
gerüttelt. Oder jener stirbt und *ists*.
Denn nah am Tod sieht man den Tod nicht mehr
und starrt *hinaus*, vielleicht mit großem Tierblick.
Liebende, wäre nicht der andre, der
die Sicht verstellt, sind nah daran und staunen...
Wie aus Versehn ist ihnen aufgetan
hinter dem andern... Aber über ihn
kommt keiner fort, und wieder wird ihm Welt.
Der Schöpfung immer zugewendet, sehn
wir nur auf ihr die Spiegelung des Frein,
von uns verdunkelt. Oder daß ein Tier,

ein stummes, aufschaut, ruhig durch uns durch.
Dieses heißt Schicksal: gegenüber sein
und nichts als das und immer gegenüber.

Wäre Bewußtheit unsrer Art in dem
sicheren Tier, das uns entgegenzieht
in anderer Richtung –, riß es uns herum
mit seinem Wandel. Doch sein Sein ist ihm
unendlich, ungefaßt und ohne Blick
auf seinen Zustand, rein, so wie sein Ausblick.
Und wo wir Zukunft sehn, dort sieht es Alles
und sich in Allem und geheilt für immer.

Und doch ist in dem wachsam warmen Tier
Gewicht und Sorge einer großen Schwermut.
Denn ihm auch haftet immer an, was uns
oft überwältigt, – die Erinnerung,
als sei schon einmal das, wonach man drängt,
näher gewesen, treuer und sein Anschluß
unendlich zärtlich. Hier ist alles Abstand,
und dort wars Atem. Nach der ersten Heimat
ist ihm die zweite zwitterig und windig.
  O Seligkeit der *kleinen* Kreatur,
die immer *bleibt* im Schooße, der sie austrug;
o Glück der Mücke, die noch *innen* hüpft,
selbst wenn sie Hochzeit hat: denn Schooß ist Alles.
Und sieh die halbe Sicherheit des Vogels,
der beinah beides weiß aus seinem Ursprung,
als wär er eine Seele der Etrusker,
aus einem Toten, den ein Raum empfing,
doch mit der ruhenden Figur als Deckel.
Und wie bestürzt ist eins, das fliegen muß

und stammt aus einem Schooß. Wie vor sich selbst
erschreckt, durchzuckts die Luft, wie wenn ein Sprung
durch eine Tasse geht. So reißt die Spur
der Fledermaus durchs Porzellan des Abends.

Und wir: Zuschauer, immer, überall,
dem allen zugewandt und nie hinaus!
Uns überfüllts. Wir ordnens. Es zerfällt.
Wir ordnens wieder und zerfallen selbst.

Wer hat uns also umgedreht, daß wir,
was wir auch tun, in jener Haltung sind
von einem, welcher fortgeht? Wie er auf
dem letzten Hügel, der ihm ganz sein Tal
noch einmal zeigt, sich wendet, anhält, weilt —,
so leben wir und nehmen immer Abschied.

DIE NEUNTE ELEGIE

WARUM, wenn es angeht, also die Frist des Daseins
hinzubringen, als Lorbeer, ein wenig dunkler als alles
andere Grün, mit kleinen Wellen an jedem
Blattrand (wie eines Windes Lächeln) –: warum dann
Menschliches müssen – und, Schicksal vermeidend,
sich sehnen nach Schicksal?...

                        Oh, *nicht*, weil Glück *ist*,
dieser voreilige Vorteil eines nahen Verlusts.
Nicht aus Neugier, oder zur Übung des Herzens,
das auch im Lorbeer *wäre*.....

Aber weil Hiersein viel ist, und weil uns scheinbar
alles das Hiesige braucht, dieses Schwindende, das
seltsam uns angeht. Uns, die Schwindendsten. *Ein* Mal
jedes, nur *ein* Mal. *Ein* Mal und nichtmehr. Und wir auch
ein Mal. Nie wieder. Aber dieses
ein Mal gewesen zu sein, wenn auch nur *ein* Mal:
irdisch gewesen zu sein, scheint nicht widerrufbar.

Und so drängen wir uns und wollen es leisten,
wollens enthalten in unsern einfachen Händen,
im überfüllteren Blick und im sprachlosen Herzen.
Wollen es werden. – Wem es geben? Am liebsten
alles behalten für immer... Ach, in den andern Bezug,
wehe, was nimmt man hinüber? Nicht das Anschaun, das hier
langsam erlernte, und kein hier Ereignetes. Keins.
Also die Schmerzen. Also vor allem das Schwersein,
also der Liebe lange Erfahrung, – also

lauter Unsägliches. Aber später,
unter den Sternen, was solls: *die* sind *besser* unsäglich.
Bringt doch der Wanderer auch vom Hange des Bergrands
nicht eine Hand voll Erde ins Tal, die Allen unsägliche, sondern
ein erworbenes Wort, reines, den gelben und blaun
Enzian. Sind wir vielleicht *hier*, um zu sagen: Haus,
Brücke, Brunnen, Tor, Krug, Obstbaum, Fenster, –
höchstens: Säule, Turm.... aber zu *sagen*, verstehs,
oh zu sagen *so*, wie selber die Dinge niemals
innig meinten zu sein. Ist nicht die heimliche List
dieser verschwiegenen Erde, wenn sie die Liebenden drängt,
daß sich in ihrem Gefühl jedes und jedes entzückt?
Schwelle: was ists für zwei
Liebende, daß sie die eigne ältere Schwelle der Tür
ein wenig verbrauchen, auch sie, nach den vielen vorher
und vor den Künftigen...., leicht.

Hier ist des *Säglichen* Zeit, *hier* seine Heimat.
Sprich und bekenn. Mehr als je
fallen die Dinge dahin, die erlebbaren, denn,
was sie verdrängend ersetzt, ist ein Tun ohne Bild.
Tun unter Krusten, die willig zerspringen, sobald
innen das Handeln entwächst und sich anders begrenzt.
Zwischen den Hämmern besteht
unser Herz, wie die Zunge
zwischen den Zähnen, die doch,
dennoch, die preisende bleibt.

Preise dem Engel die Welt, nicht die unsägliche, *ihm*
kannst du nicht großtun mit herrlich Erfühltem; im Weltall,
wo er fühlender fühlt, bist du ein Neuling. Drum zeig
ihm das Einfache, das, von Geschlecht zu Geschlechtern gestaltet,

als ein Unsriges lebt, neben der Hand und im Blick.
Sag ihm die Dinge. Er wird staunender stehn; wie du standest
bei dem Seiler in Rom, oder beim Töpfer am Nil.
Zeig ihm, wie glücklich ein Ding sein kann, wie schuldlos und
           unser,
wie selbst das klagende Leid rein zur Gestalt sich entschließt,
dient als ein Ding, oder stirbt in ein Ding –, und jenseits
selig der Geige entgeht. – Und diese, von Hingang
lebenden Dinge verstehn, daß du sie rühmst; vergänglich,
traun sie ein Rettendes uns, den Vergänglichsten, zu.
Wollen, wir sollen sie ganz im unsichtbarn Herzen verwandeln
in – o unendlich – in uns! Wer wir am Ende auch seien.

Erde, ist es nicht dies, was du willst: *unsichtbar*
in uns erstehn? – Ist es dein Traum nicht,
einmal unsichtbar zu sein? – Erde! unsichtbar!
Was, wenn Verwandlung nicht, ist dein drängender Auftrag?
Erde, du liebe, ich will. Oh glaub, es bedürfte
nicht deiner Frühlinge mehr, mich dir zu gewinnen –, *einer*,
ach, ein einziger ist schon dem Blute zu viel.
Namenlos bin ich zu dir entschlossen, von weit her.
Immer warst du im Recht, und dein heiliger Einfall
ist der vertrauliche Tod.

Siehe, ich lebe. Woraus? Weder Kindheit noch Zukunft
werden weniger..... Überzähliges Dasein
entspringt mir im Herzen.

Die zehnte Elegie

Dass ich dereinst, an dem Ausgang der grimmigen Einsicht,
Jubel und Ruhm aufsinge zustimmenden Engeln.
Daß von den klar geschlagenen Hämmern des Herzens
keiner versage an weichen, zweifelnden oder
reißenden Saiten. Daß mich mein strömendes Antlitz
glänzender mache; daß das unscheinbare Weinen
blühe. O wie werdet ihr dann, Nächte, mir lieb sein,
gehärmte. Daß ich euch knieender nicht, untröstliche
                               Schwestern,
hinnahm, nicht in euer gelöstes
Haar mich gelöster ergab. Wir, Vergeuder der Schmerzen.
Wie wir sie absehn voraus, in die traurige Dauer,
ob sie nicht enden vielleicht. Sie aber sind ja
unser winterwähriges Laub, unser dunkeles Sinngrün,
eine der Zeiten des heimlichen Jahres –, nicht nur
Zeit –, sind Stelle, Siedelung, Lager, Boden, Wohnort.

Freilich, wehe, wie fremd sind die Gassen der Leid-Stadt,
wo in der falschen, aus Übertönung gemachten
Stille, stark, aus der Gußform des Leeren der Ausguß
prahlt: der vergoldete Lärm, das platzende Denkmal.
O, wie spurlos zerträte ein Engel ihnen den Trostmarkt,
den die Kirche begrenzt, ihre fertig gekaufte:
reinlich und zu und enttäuscht wie ein Postamt am Sonntag.
Draußen aber kräuseln sich immer die Ränder von Jahrmarkt.
Schaukeln der Freiheit! Taucher und Gaukler des Eifers!
Und des behübschten Glücks figürliche Schießstatt,
wo es zappelt von Ziel und sich blechern benimmt,
wenn ein Geschickterer trifft. Von Beifall zu Zufall
taumelt er weiter; denn Buden jeglicher Neugier
werben, trommeln und plärrn. Für Erwachsene aber

ist noch besonders zu sehn, wie das Geld sich vermehrt,
>>>>anatomisch,
nicht zur Belustigung nur: der Geschlechtsteil des Gelds,
alles, das Ganze, der Vorgang –, das unterrichtet und macht
fruchtbar.........
.... Oh aber gleich darüber hinaus,
hinter der letzten Planke, beklebt mit Plakaten des ›Todlos‹,
jenes bitteren Biers, das den Trinkenden süß scheint,
wenn sie immer dazu frische Zerstreuungen kaun...,
gleich im Rücken der Planke, gleich dahinter, ists *wirklich*.
Kinder spielen, und Liebende halten einander, – abseits,
ernst, im ärmlichen Gras, und Hunde haben Natur.
Weiter noch zieht es den Jüngling; vielleicht, daß er eine junge
Klage liebt..... Hinter ihr her kommt er in Wiesen. Sie sagt:
– Weit. Wir wohnen dort draußen....
>>>>Wo? Und der Jüngling
folgt. Ihn rührt ihre Haltung. Die Schulter, der Hals –,
>>>>vielleicht
ist sie von herrlicher Herkunft. Aber er läßt sie, kehrt um,
wendet sich, winkt... Was solls? Sie ist eine Klage.

Nur die jungen Toten, im ersten Zustand
zeitlosen Gleichmuts, dem der Entwöhnung,
folgen ihr liebend. Mädchen
wartet sie ab und befreundet sie. Zeigt ihnen leise,
was sie an sich hat. Perlen des Leids und die feinen
Schleier der Duldung. – Mit Jünglingen geht sie
schweigend.

Aber dort, wo sie wohnen, im Tal, der Älteren eine, der Klagen,
nimmt sich des Jünglinges an, wenn er fragt: – Wir waren,
sagt sie, ein Großes Geschlecht, einmal, wir Klagen. Die Väter

trieben den Bergbau dort in dem großen Gebirg; bei Menschen
findest du manchmal ein Stück geschliffenes Ur-Leid
oder, aus altem Vulkan, schlackig versteinerten Zorn.
Ja, das stammte von dort. Einst waren wir reich. –

Und sie leitet ihn leicht durch die weite Landschaft der Klagen,
zeigt ihm die Säulen der Tempel oder die Trümmer
jener Burgen, von wo Klage-Fürsten das Land
einstens weise beherrscht. Zeigt ihm die hohen
Tränenbäume und Felder blühender Wehmut,
(Lebendige kennen sie nur als sanftes Blattwerk);
zeigt ihm die Tiere der Trauer, weidend, – und manchmal
schreckt ein Vogel und zieht, flach ihnen fliegend durchs
                                                  Aufschaun,
weithin das schriftliche Bild seines vereinsamten Schreis. –
Abends führt sie ihn hin zu den Gräbern der Alten
aus dem Klage-Geschlecht, den Sibyllen und Warn-Herrn.
Naht aber Nacht, so wandeln sie leiser, und bald
mondets empor, das über Alles
wachende Grab-Mal. Brüderlich jenem am Nil,
der erhabene Sphinx –: der verschwiegenen Kammer
Antlitz.
Und sie staunen dem krönlichen Haupt, das für immer,
schweigend, der Menschen Gesicht
auf die Waage der Sterne gelegt.

Nicht erfaßt es sein Blick, im Frühtod
schwindelnd. Aber ihr Schaun,
hinter dem Pschent-Rand hervor, scheucht es die Eule. Und sie,
streifend im langsamen Abstrich die Wange entlang,
jene der reifesten Rundung,
zeichnet weich in das neue

Totengehör, über ein doppelt
aufgeschlagenes Blatt, den unbeschreiblichen Umriß.

Und höher, die Sterne. Neue. Die Sterne des Leidlands.
Langsam nennt sie die Klage: – Hier,
siehe: den *Reiter*, den *Stab*, und das vollere Sternbild
nennen sie: *Fruchtkranz*. Dann, weiter, dem Pol zu:
Wiege; Weg; Das Brennende Buch; Puppe; Fenster.
Aber im südlichen Himmel, rein wie im Innern
einer gesegneten Hand, das klar erglänzende ›M‹,
das die Mütter bedeutet...... –

Doch der Tote muß fort, und schweigend bringt ihn die ältere
Klage bis an die Talschlucht,
wo es schimmert im Mondschein:
die Quelle der Freude. In Ehrfurcht
nennt sie sie, sagt: – Bei den Menschen
ist sie ein tragender Strom. –

Stehn am Fuß des Gebirgs.
Und da umarmt sie ihn, weinend.

Einsam steigt er dahin, in die Berge des Ur-Leids.
Und nicht einmal sein Schritt klingt aus dem tonlosen Los.

✻

Aber erweckten sie uns, die unendlich Toten, ein Gleichnis,
siehe, sie zeigten vielleicht auf die Kätzchen der leeren
Hasel, die hängenden, oder
meinten den Regen, der fällt auf dunkles Erdreich im Frühjahr. —

Und wir, die an *steigendes* Glück
denken, empfänden die Rührung,
die uns beinah bestürzt,
wenn ein Glückliches *fällt*.

DIE SONETTE AN ORPHEUS

*Geschrieben als ein Grab-Mal
für Wera Ouckama Knoop*

Château de Muzot im Februar 1922

ERSTER TEIL

I

Da stieg ein Baum. O reine Übersteigung!
O Orpheus singt! O hoher Baum im Ohr!
Und alles schwieg. Doch selbst in der Verschweigung
ging neuer Anfang, Wink und Wandlung vor.

Tiere aus Stille drangen aus dem klaren
gelösten Wald von Lager und Genist;
und da ergab sich, daß sie nicht aus List
und nicht aus Angst in sich so leise waren,

sondern aus Hören. Brüllen, Schrei, Geröhr
schien klein in ihren Herzen. Und wo eben
kaum eine Hütte war, dies zu empfangen,

ein Unterschlupf aus dunkelstem Verlangen
mit einem Zugang, dessen Pfosten beben, –
da schufst du ihnen Tempel im Gehör.

II

Und fast ein Mädchen wars und ging hervor
aus diesem einigen Glück von Sang und Leier
und glänzte klar durch ihre Frühlingsschleier
und machte sich ein Bett in meinem Ohr.

Und schlief in mir. Und alles war ihr Schlaf.
Die Bäume, die ich je bewundert, diese
fühlbare Ferne, die gefühlte Wiese
und jedes Staunen, das mich selbst betraf.

Sie schlief die Welt. Singender Gott, wie hast
du sie vollendet, daß sie nicht begehrte,
erst wach zu sein? Sieh, sie erstand und schlief.

Wo ist ihr Tod? O, wirst du dies Motiv
erfinden noch, eh sich dein Lied verzehrte? –
Wo sinkt sie hin aus mir?... Ein Mädchen fast....

III

EIN Gott vermags. Wie aber, sag mir, soll
ein Mann ihm folgen durch die schmale Leier?
Sein Sinn ist Zwiespalt. An der Kreuzung zweier
Herzwege steht kein Tempel für Apoll.

Gesang, wie du ihn lehrst, ist nicht Begehr,
nicht Werbung um ein endlich noch Erreichtes;
Gesang ist Dasein. Für den Gott ein Leichtes.
Wann aber *sind* wir? Und wann wendet *er*

an unser Sein die Erde und die Sterne?
Dies *ists* nicht, Jüngling, daß du liebst, wenn auch
die Stimme dann den Mund dir aufstößt, – lerne

vergessen, daß du aufsangst. Das verrinnt.
In Wahrheit singen, ist ein andrer Hauch.
Ein Hauch um nichts. Ein Wehn im Gott. Ein Wind.

IV

O IHR Zärtlichen, tretet zuweilen
in den Atem, der euch nicht meint,
laßt ihn an eueren Wangen sich teilen,
hinter euch zittert er, wieder vereint.

O ihr Seligen, o ihr Heilen,
die ihr der Anfang der Herzen scheint.
Bogen der Pfeile und Ziele von Pfeilen,
ewiger glänzt euer Lächeln verweint.

Fürchtet euch nicht zu leiden, die Schwere,
gebt sie zurück an der Erde Gewicht;
schwer sind die Berge, schwer sind die Meere.

Selbst die als Kinder ihr pflanztet, die Bäume,
wurden zu schwer längst; ihr trüget sie nicht.
Aber die Lüfte... aber die Räume....

V

ERRICHTET keinen Denkstein. Laßt die Rose
nur jedes Jahr zu seinen Gunsten blühn.
Denn Orpheus ists. Seine Metamorphose
in dem und dem. Wir sollen uns nicht mühn

um andre Namen. Ein für alle Male
ists Orpheus, wenn es singt. Er kommt und geht.
Ists nicht schon viel, wenn er die Rosenschale
um ein paar Tage manchmal übersteht?

O wie er schwinden muß, daß ihrs begrifft!
Und wenn ihm selbst auch bangte, daß er schwände.
Indem sein Wort das Hiersein übertrifft,

ist er schon dort, wohin ihrs nicht begleitet.
Der Leier Gitter zwängt ihm nicht die Hände.
Und er gehorcht, indem er überschreitet.

VI

Ist er ein Hiesiger? Nein, aus beiden
Reichen erwuchs seine weite Natur.
Kundiger böge die Zweige der Weiden,
wer die Wurzeln der Weiden erfuhr.

Geht ihr zu Bette, so laßt auf dem Tische
Brot nicht und Milch nicht; die Toten ziehts –.
Aber er, der Beschwörende, mische
unter der Milde des Augenlids

ihre Erscheinung in alles Geschaute;
und der Zauber von Erdrauch und Raute
sei ihm so wahr wie der klarste Bezug.

Nichts kann das gültige Bild ihm verschlimmern;
sei es aus Gräbern, sei es aus Zimmern,
rühme er Fingerring, Spange und Krug.

VII

RÜHMEN, das ists! Ein zum Rühmen Bestellter,
ging er hervor wie das Erz aus des Steins
Schweigen. Sein Herz, o vergängliche Kelter
eines den Menschen unendlichen Weins.

Nie versagt ihm die Stimme am Staube,
wenn ihn das göttliche Beispiel ergreift.
Alles wird Weinberg, alles wird Traube,
in seinem fühlenden Süden gereift.

Nicht in den Grüften der Könige Moder
straft ihm die Rühmung lügen, oder
daß von den Göttern ein Schatten fällt.

Er ist einer der bleibenden Boten,
der noch weit in die Türen der Toten
Schalen mit rühmlichen Früchten hält.

VIII

Nur im Raum der Rühmung darf die Klage
gehn, die Nymphe des geweinten Quells,
wachend über unserm Niederschlage,
daß er klar sei an demselben Fels,

der die Tore trägt und die Altäre. —
Sieh, um ihre stillen Schultern früht
das Gefühl, daß sie die jüngste wäre
unter den Geschwistern im Gemüt.

Jubel *weiß*, und Sehnsucht ist geständig, —
nur die Klage lernt noch; mädchenhändig
zählt sie nächtelang das alte Schlimme.

Aber plötzlich, schräg und ungeübt,
hält sie doch ein Sternbild unsrer Stimme
in den Himmel, den ihr Hauch nicht trübt.

IX

NUR wer die Leier schon hob
auch unter Schatten,
darf das unendliche Lob
ahnend erstatten.

Nur wer mit Toten vom Mohn
aß, von dem ihren,
wird nicht den leisesten Ton
wieder verlieren.

Mag auch die Spieglung im Teich
oft uns verschwimmen:
Wisse das Bild.

Erst in dem Doppelbereich
werden die Stimmen
ewig und mild.

X

EUCH, die ihr nie mein Gefühl verließt,
grüß ich, antikische Sarkophage,
die das fröhliche Wasser römischer Tage
als ein wandelndes Lied durchfließt.

Oder jene so offenen, wie das Aug
eines frohen erwachenden Hirten,
– innen voll Stille und Bienensaug –
denen entzückte Falter entschwirrten;

alle, die man dem Zweifel entreißt,
grüß ich, die wiedergeöffneten Munde,
die schon wußten, was schweigen heißt.

Wissen wirs, Freunde, wissen wir nicht?
Beides bildet die zögernde Stunde
in dem menschlichen Angesicht.

XI

SIEH den Himmel. Heißt kein Sternbild ›Reiter‹?
Denn dies ist uns seltsam eingeprägt:
dieser Stolz aus Erde. Und ein Zweiter,
der ihn treibt und hält und den er trägt.

Ist nicht so, gejagt und dann gebändigt,
diese sehnige Natur des Seins?
Weg und Wendung. Doch ein Druck verständigt.
Neue Weite. Und die zwei sind eins.

Aber *sind* sie's? Oder meinen beide
nicht den Weg, den sie zusammen tun?
Namenlos schon trennt sie Tisch und Weide.

Auch die sternische Verbindung trügt.
Doch uns freue eine Weile nun
der Figur zu glauben. Das genügt.

XII

HEIL dem Geist, der uns verbinden mag;
denn wir leben wahrhaft in Figuren.
Und mit kleinen Schritten gehn die Uhren
neben unserm eigentlichen Tag.

Ohne unsern wahren Platz zu kennen,
handeln wir aus wirklichem Bezug.
Die Antennen fühlen die Antennen,
und die leere Ferne trug...

Reine Spannung. O Musik der Kräfte!
Ist nicht durch die läßlichen Geschäfte
jede Störung von dir abgelenkt?

Selbst wenn sich der Bauer sorgt und handelt,
wo die Saat in Sommer sich verwandelt,
reicht er niemals hin. Die Erde *schenkt*.

XIII

VOLLER Apfel, Birne und Banane,
Stachelbeere... Alles dieses spricht
Tod und Leben in den Mund... Ich ahne...
Lest es einem Kind vom Angesicht,

wenn es sie erschmeckt. Dies kommt von weit.
Wird euch langsam namenlos im Munde?
Wo sonst Worte waren, fließen Funde,
aus dem Fruchtfleisch überrascht befreit.

Wagt zu sagen, was ihr Apfel nennt.
Diese Süße, die sich erst verdichtet,
um, im Schmecken leise aufgerichtet,

klar zu werden, wach und transparent,
doppeldeutig, sonnig, erdig, hiesig –:
O Erfahrung, Fühlung, Freude –, riesig!

XIV

WIR gehen um mit Blume, Weinblatt, Frucht.
Sie sprechen nicht die Sprache nur des Jahres.
Aus Dunkel steigt ein buntes Offenbares
und hat vielleicht den Glanz der Eifersucht

der Toten an sich, die die Erde stärken.
Was wissen wir von ihrem Teil an dem?
Es ist seit lange ihre Art, den Lehm
mit ihrem freien Marke zu durchmärken.

Nun fragt sich nur: tun sie es gern?...
Drängt diese Frucht, ein Werk von schweren Sklaven,
geballt zu uns empor, zu ihren Herrn?

Sind *sie* die Herrn, die bei den Wurzeln schlafen,
und gönnen uns aus ihren Überflüssen
dies Zwischending aus stummer Kraft und Küssen?

XV

WARTET..., das schmeckt... Schon ists auf der Flucht.
.... Wenig Musik nur, ein Stampfen, ein Summen –:
Mädchen, ihr warmen, Mädchen, ihr stummen,
tanzt den Geschmack der erfahrenen Frucht!

Tanzt die Orange. Wer kann sie vergessen,
wie sie, ertrinkend in sich, sich wehrt
wider ihr Süßsein. Ihr habt sie besessen.
Sie hat sich köstlich zu euch bekehrt.

Tanzt die Orange. Die wärmere Landschaft,
werft sie aus euch, daß die reife erstrahle
in Lüften der Heimat! Erglühte, enthüllt

Düfte um Düfte. Schafft die Verwandtschaft
mit der reinen, sich weigernden Schale,
mit dem Saft, der die Glückliche füllt!

XVI

Du, mein Freund, bist einsam, weil....
Wir machen mit Worten und Fingerzeigen
uns allmählich die Welt zu eigen,
vielleicht ihren schwächsten, gefährlichsten Teil.

Wer zeigt mit Fingern auf einen Geruch? –
Doch von den Kräften, die uns bedrohen,
fühlst du viele... Du kennst die Toten,
und du erschrickst vor dem Zauberspruch.

Sieh, nun heißt es zusammen ertragen
Stückwerk und Teile, als sei es das Ganze.
Dir helfen, wird schwer sein. Vor allem: pflanze

mich nicht in dein Herz. Ich wüchse zu schnell.
Doch *meines* Herrn Hand will ich führen und sagen:
Hier. Das ist Esau in seinem Fell.

XVII

Zu unterst der Alte, verworrn,
all der Erbauten
Wurzel, verborgener Born,
den sie nie schauten.

Sturmhelm und Jägerhorn,
Spruch von Ergrauten,
Männer im Bruderzorn,
Frauen wie Lauten...

Drängender Zweig an Zweig,
nirgends ein freier....
Einer! O steig... o steig...

Aber sie brechen noch.
Dieser erst oben doch
biegt sich zur Leier.

XVIII

Hörst du das Neue, Herr,
dröhnen und beben?
Kommen Verkündiger,
die es erheben.

Zwar ist kein Hören heil
in dem Durchtobtsein,
doch der Maschinenteil
will jetzt gelobt sein.

Sieh, die Maschine:
wie sie sich wälzt und rächt
und uns entstellt und schwächt.

Hat sie aus uns auch Kraft,
sie, ohne Leidenschaft,
treibe und diene.

XIX

Wandelt sich rasch auch die Welt
wie Wolkengestalten,
alles Vollendete fällt
heim zum Uralten.

Über dem Wandel und Gang,
weiter und freier,
währt noch dein Vor-Gesang,
Gott mit der Leier.

Nicht sind die Leiden erkannt,
nicht ist die Liebe gelernt,
und was im Tod uns entfernt,

ist nicht entschleiert.
Einzig das Lied überm Land
heiligt und feiert.

XX

DIR aber, Herr, o was weih ich dir, sag,
der das Ohr den Geschöpfen gelehrt? –
Mein Erinnern an einen Frühlingstag,
seinen Abend, in Rußland –, ein Pferd...

Herüber vom Dorf kam der Schimmel allein,
an der vorderen Fessel den Pflock,
um die Nacht auf den Wiesen allein zu sein;
wie schlug seiner Mähne Gelock

an den Hals im Takte des Übermuts,
bei dem grob gehemmten Galopp.
Wie sprangen die Quellen des Rossebluts!

Der fühlte die Weiten, und ob!
Der sang und der hörte –, dein Sagenkreis
war *in* ihm geschlossen.
      Sein Bild: ich weih's.

XXI

FRÜHLING ist wiedergekommen. Die Erde
ist wie ein Kind, das Gedichte weiß;
viele, o viele.... Für die Beschwerde
langen Lernens bekommt sie den Preis.

Streng war ihr Lehrer. Wir mochten das Weiße
an dem Barte des alten Manns.
Nun, wie das Grüne, das Blaue heiße,
dürfen wir fragen: sie kanns, sie kanns!

Erde, die frei hat, du glückliche, spiele
nun mit den Kindern. Wir wollen dich fangen,
fröhliche Erde. Dem Frohsten gelingts.

O, was der Lehrer sie lehrte, das Viele,
und was gedruckt steht in Wurzeln und langen
schwierigen Stämmen: sie singts, sie singts!

XXII

Wir sind die Treibenden.
Aber den Schritt der Zeit,
nehmt ihn als Kleinigkeit
im immer Bleibenden.

Alles das Eilende
wird schon vorüber sein;
denn das Verweilende
erst weiht uns ein.

Knaben, o werft den Mut
nicht in die Schnelligkeit,
nicht in den Flugversuch.

Alles ist ausgeruht:
Dunkel und Helligkeit,
Blume und Buch.

XXIII

O ERST *dann*, wenn der Flug
nicht mehr um seinetwillen
wird in die Himmelstillen
steigen, sich selber genug,

um in lichten Profilen,
als das Gerät, das gelang,
Liebling der Winde zu spielen,
sicher, schwenkend und schlank, –

erst, wenn ein reines Wohin
wachsender Apparate
Knabenstolz überwiegt,

wird, überstürzt von Gewinn,
jener den Fernen Genahte
sein, was er einsam erfliegt.

XXIV

SOLLEN wir unsere uralte Freundschaft, die großen
niemals werbenden Götter, weil sie der harte
Stahl, den wir streng erzogen, nicht kennt, verstoßen
oder sie plötzlich suchen auf einer Karte?

Diese gewaltigen Freunde, die uns die Toten
nehmen, rühren nirgends an unsere Räder.
Unsere Gastmähler haben wir weit –, unsere Bäder,
fortgerückt, und ihre uns lang schon zu langsamen Boten

überholen wir immer. Einsamer nun auf einander
ganz angewiesen, ohne einander zu kennen,
führen wir nicht mehr die Pfade als schöne Mäander,

sondern als Grade. Nur noch in Dampfkesseln brennen
die einstigen Feuer und heben die Hämmer, die immer
größern. Wir aber nehmen an Kraft ab, wie Schwimmer.

XXV

Dich aber will ich nun, *Dich*, die ich kannte
wie eine Blume, von der ich den Namen nicht weiß,
noch *ein* Mal erinnern und ihnen zeigen, Entwandte,
schöne Gespielin des unüberwindlichen Schrei's.

Tänzerin erst, die plötzlich, den Körper voll Zögern,
anhielt, als göß man ihr Jungsein in Erz;
trauernd und lauschend –. Da, von den hohen Vermögern
fiel ihr Musik in das veränderte Herz.

Nah war die Krankheit. Schon von den Schatten bemächtigt,
drängte verdunkelt das Blut, doch, wie flüchtig verdächtigt,
trieb es in seinen natürlichen Frühling hervor.

Wieder und wieder, von Dunkel und Sturz unterbrochen,
glänzte es irdisch. Bis es nach schrecklichem Pochen
trat in das trostlos offene Tor.

XXVI

Du aber, Göttlicher, du, bis zuletzt noch Ertöner,
da ihn der Schwarm der verschmähten Mänaden befiel,
hast ihr Geschrei übertönt mit Ordnung, du Schöner,
aus den Zerstörenden stieg dein erbauendes Spiel.

Keine war da, daß sie Haupt dir und Leier zerstör.
Wie sie auch rangen und rasten, und alle die scharfen
Steine, die sie nach deinem Herzen warfen,
wurden zu Sanftem an dir und begabt mit Gehör.

Schließlich zerschlugen sie dich, von der Rache gehetzt,
während dein Klang noch in Löwen und Felsen verweilte
und in den Bäumen und Vögeln. Dort singst du noch jetzt.

O du verlorener Gott! Du unendliche Spur!
Nur weil dich reißend zuletzt die Feindschaft verteilte,
sind wir die Hörenden jetzt und ein Mund der Natur.

ZWEITER TEIL

I

ATMEN, du unsichtbares Gedicht!
Immerfort um das eigne
Sein rein eingetauschter Weltraum. Gegengewicht,
in dem ich mich rhythmisch ereigne.

Einzige Welle, deren
allmähliches Meer ich bin;
sparsamstes du von allen möglichen Meeren, –
Raumgewinn.

Wieviele von diesen Stellen der Räume waren schon
innen in mir. Manche Winde
sind wie mein Sohn.

Erkennst du mich, Luft, du, voll noch einst meiniger Orte?
Du, einmal glatte Rinde,
Rundung und Blatt meiner Worte.

II

So wie dem Meister manchmal das eilig
nähere Blatt den *wirklichen* Strich
abnimmt: so nehmen oft Spiegel das heilig
einzige Lächeln der Mädchen in sich,

wenn sie den Morgen erproben, allein, –
oder im Glanze der dienenden Lichter.
Und in das Atmen der echten Gesichter,
später, fällt nur ein Widerschein.

Was haben Augen einst ins umrußte
lange Verglühn der Kamine geschaut:
Blicke des Lebens, für immer verlorne.

Ach, der Erde, wer kennt die Verluste?
Nur, wer mit dennoch preisendem Laut
sänge das Herz, das ins Ganze geborne.

III

SPIEGEL: noch nie hat man wissend beschrieben,
was ihr in euerem Wesen seid.
Ihr, wie mit lauter Löchern von Sieben
erfüllten Zwischenräume der Zeit.

Ihr, noch des leeren Saales Verschwender –,
wenn es dämmert, wie Wälder weit...
Und der Lüster geht wie ein Sechzehn-Ender
durch eure Unbetretbarkeit.

Manchmal seid ihr voll Malerei.
Einige scheinen *in* euch gegangen –,
andere schicktet ihr scheu vorbei.

Aber die Schönste wird bleiben –, bis
drüben in ihre enthaltenen Wangen
eindrang der klare gelöste Narziß.

IV

O DIESES ist das Tier, das es nicht giebt.
Sie wußtens nicht und habens jeden Falls
— sein Wandeln, seine Haltung, seinen Hals,
bis in des stillen Blickes Licht — geliebt.

Zwar *war* es nicht. Doch weil sie's liebten, ward
ein reines Tier. Sie ließen immer Raum.
Und in dem Raume, klar und ausgespart,
erhob es leicht sein Haupt und brauchte kaum

zu sein. Sie nährten es mit keinem Korn,
nur immer mit der Möglichkeit, es sei.
Und die gab solche Stärke an das Tier,

daß es aus sich ein Stirnhorn trieb. Ein Horn.
Zu einer Jungfrau kam es weiß herbei —
und war im Silber-Spiegel und in ihr.

V

BLUMENMUSKEL, der der Anemone
Wiesenmorgen nach und nach erschließt,
bis in ihren Schooß das polyphone
Licht der lauten Himmel sich ergießt,

in den stillen Blütenstern gespannter
Muskel des unendlichen Empfangs,
manchmal *so* von Fülle übermannter,
daß der Ruhewink des Untergangs

kaum vermag die weitzurückgeschnellten
Blätterränder dir zurückzugeben:
du, Entschluß und Kraft von *wie*viel Welten!

Wir, Gewaltsamen, wir währen länger.
Aber *wann*, in welchem aller Leben,
sind wir endlich offen und Empfänger?

VI

ROSE, du thronende, denen im Altertume
warst du ein Kelch mit einfachem Rand.
Uns aber bist du die volle zahllose Blume,
der unerschöpfliche Gegenstand.

In deinem Reichtum scheinst du wie Kleidung um Kleidung
um einen Leib aus nichts als Glanz;
aber dein einzelnes Blatt ist zugleich die Vermeidung
und die Verleugnung jedes Gewands.

Seit Jahrhunderten ruft uns dein Duft
seine süßesten Namen herüber;
plötzlich liegt er wie Ruhm in der Luft.

Dennoch, wir wissen ihn nicht zu nennen, wir raten...
Und Erinnerung geht zu ihm über,
die wir von rufbaren Stunden erbaten.

VII

BLUMEN, ihr schließlich den ordnenden Händen verwandte,
(Händen der Mädchen von einst und jetzt),
die auf dem Gartentisch oft von Kante zu Kante
lagen, ermattet und sanft verletzt,

wartend des Wassers, das sie noch einmal erhole
aus dem begonnenen Tod –, und nun
wieder erhobene zwischen die strömenden Pole
fühlender Finger, die wohlzutun

mehr noch vermögen, als ihr ahnet, ihr leichten,
wenn ihr euch wiederfandet im Krug,
langsam erkühlend und Warmes der Mädchen, wie Beichten,

von euch gebend, wie trübe ermüdende Sünden,
die das Gepflücktsein beging, als Bezug
wieder zu ihnen, die sich euch blühend verbünden.

VIII

WENIGE ihr, der einstigen Kindheit Gespielen
in den zerstreuten Gärten der Stadt:
wie wir uns fanden und uns zögernd gefielen
und, wie das Lamm mit dem redenden Blatt,

sprachen als Schweigende. Wenn wir uns einmal freuten,
keinem gehörte es. Wessen wars?
Und wie zergings unter allen den gehenden Leuten
und im Bangen des langen Jahrs.

Wagen umrollten uns fremd, vorübergezogen,
Häuser umstanden uns stark, aber unwahr, – und keines
kannte uns je. *Was* war wirklich im All?

Nichts. Nur die Bälle. Ihre herrlichen Bogen.
Auch nicht die Kinder... Aber manchmal trat eines,
ach ein vergehendes, unter den fallenden Ball.

(In memoriam Egon von Rilke)

IX

Rühmt euch, ihr Richtenden, nicht der entbehrlichen Folter
und daß das Eisen nicht länger an Hälsen sperrt.
Keins ist gesteigert, kein Herz –, weil ein gewollter
Krampf der Milde euch zarter verzerrt.

Was es durch Zeiten bekam, das schenkt das Schafott
wieder zurück, wie Kinder ihr Spielzeug vom vorig
alten Geburtstag. Ins reine, ins hohe, ins thorig
offene Herz träte er anders, der Gott

wirklicher Milde. Er käme gewaltig und griffe
strahlender um sich, wie Göttliche sind.
Mehr als ein Wind für die großen gesicherten Schiffe.

Weniger nicht, als die heimliche leise Gewahrung,
die uns im Innern schweigend gewinnt
wie ein still spielendes Kind aus unendlicher Paarung.

X

ALLES Erworbne bedroht die Maschine, solange
sie sich erdreistet, im Geist, statt im Gehorchen, zu sein.
Daß nicht der herrlichen Hand schöneres Zögern mehr prange,
zu dem entschlossenern Bau schneidet sie steifer den Stein.

Nirgends bleibt sie zurück, daß wir ihr *ein* Mal entrönnen
und sie in stiller Fabrik ölend sich selber gehört.
Sie ist das Leben, – sie meint es am besten zu können,
die mit dem gleichen Entschluß ordnet und schafft und zerstört.

Aber noch ist uns das Dasein verzaubert; an hundert
Stellen ist es noch Ursprung. Ein Spielen von reinen
Kräften, die keiner berührt, der nicht kniet und bewundert.

Worte gehen noch zart am Unsäglichen aus...
Und die Musik, immer neu, aus den bebendsten Steinen,
baut im unbrauchbaren Raum ihr vergöttlichtes Haus.

XI

MANCHE, des Todes, entstand ruhig geordnete Regel,
weiterbezwingender Mensch, seit du im Jagen beharrst;
mehr doch als Falle und Netz, weiß ich dich, Streifen von Segel,
den man hinuntergehängt in den höhligen Karst.

Leise ließ man dich ein, als wärst du ein Zeichen,
Frieden zu feiern. Doch dann: rang dich am Rande der Knecht,
– und, aus den Höhlen, die Nacht warf eine Handvoll von bleichen
taumelnden Tauben ins Licht...
                      Aber auch *das* ist im Recht.

Fern von dem Schauenden sei jeglicher Hauch des Bedauerns,
nicht nur vom Jäger allein, der, was sich zeitig erweist,
wachsam und handelnd vollzieht.

Töten ist eine Gestalt unseres wandernden Trauerns...
Rein ist im heiteren Geist,
was an uns selber geschieht.

XII

WOLLE die Wandlung. O sei für die Flamme begeistert,
drin sich ein Ding dir entzieht, das mit Verwandlungen prunkt;
jener entwerfende Geist, welcher das Irdische meistert,
liebt in dem Schwung der Figur nichts wie den wendenden Punkt.

Was sich ins Bleiben verschließt, schon *ists* das Erstarrte;
wähnt es sich sicher im Schutz des unscheinbaren Grau's?
Warte, ein Härtestes warnt aus der Ferne das Harte.
Wehe –: abwesender Hammer holt aus!

Wer sich als Quelle ergießt, den erkennt die Erkennung;
und sie führt ihn entzückt durch das heiter Geschaffne,
das mit Anfang oft schließt und mit Ende beginnt.

Jeder glückliche Raum ist Kind oder Enkel von Trennung,
den sie staunend durchgehn. Und die verwandelte Daphne
will, seit sie lorbeern fühlt, daß du dich wandelst in Wind.

XIII

SEI allem Abschied voran, als wäre er hinter
dir, wie der Winter, der eben geht.
Denn unter Wintern ist einer so endlos Winter,
daß, überwinternd, dein Herz überhaupt übersteht.

Sei immer tot in Eurydike –, singender steige,
preisender steige zurück in den reinen Bezug.
Hier, unter Schwindenden, sei, im Reiche der Neige,
sei ein klingendes Glas, das sich im Klang schon zerschlug.

Sei – und wisse zugleich des Nicht-Seins-Bedingung,
den unendlichen Grund deiner innigen Schwingung,
daß du sie völlig vollziehst dieses einzige Mal.

Zu dem gebrauchten sowohl, wie zum dumpfen und stummen
Vorrat der vollen Natur, den unsäglichen Summen,
zähle dich jubelnd hinzu und vernichte die Zahl.

XIV

SIEHE die Blumen, diese dem Irdischen treuen,
denen wir Schicksal vom Rande des Schicksals leihn, –
aber wer weiß es! Wenn sie ihr Welken bereuen,
ist es an uns, ihre Reue zu sein.

Alles will schweben. Da gehn wir umher wie Beschwerer,
legen auf alles uns selbst, vom Gewichte entzückt;
o was sind wir den Dingen für zehrende Lehrer,
weil ihnen ewige Kindheit glückt.

Nähme sie einer ins innige Schlafen und schliefe
tief mit den Dingen –: o wie käme er leicht,
anders zum anderen Tag, aus der gemeinsamen Tiefe.

Oder er bliebe vielleicht; und sie blühten und priesen
ihn, den Bekehrten, der nun den Ihrigen gleicht,
allen den stillen Geschwistern im Winde der Wiesen.

XV

O BRUNNEN-MUND, du gebender, du Mund,
der unerschöpflich Eines, Reines, spricht, –
du, vor des Wassers fließendem Gesicht,
marmorne Maske. Und im Hintergrund

der Aquädukte Herkunft. Weither an
Gräbern vorbei, vom Hang des Apennins
tragen sie dir dein Sagen zu, das dann
am schwarzen Altern deines Kinns

vorüberfällt in das Gefäß davor.
Dies ist das schlafend hingelegte Ohr,
das Marmorohr, in das du immer sprichst.

Ein Ohr der Erde. Nur mit sich allein
redet sie also. Schiebt ein Krug sich ein,
so scheint es ihr, daß du sie unterbrichst.

XVI

IMMER wieder von uns aufgerissen,
ist der Gott die Stelle, welche heilt.
Wir sind Scharfe, denn wir wollen wissen,
aber er ist heiter und verteilt.

Selbst die reine, die geweihte Spende
nimmt er anders nicht in seine Welt,
als indem er sich dem freien Ende
unbewegt entgegenstellt.

Nur der Tote trinkt
aus der hier von uns *gehörten* Quelle,
wenn der Gott ihm schweigend winkt, dem Toten.

Uns wird nur das Lärmen angeboten.
Und das Lamm erbittet seine Schelle
aus dem stilleren Instinkt.

XVII

Wo, in welchen immer selig bewässerten Gärten, an welchen
Bäumen, aus welchen zärtlich entblätterten Blüten-Kelchen
reifen die fremdartigen Früchte der Tröstung? Diese
köstlichen, deren du eine vielleicht in der zertretenen Wiese

deiner Armut findest. Von einem zum anderen Male
wunderst du dich über die Größe der Frucht,
über ihr Heilsein, über die Sanftheit der Schale,
und daß sie der Leichtsinn des Vogels dir nicht vorwegnahm
                                        und nicht die Eifersucht

unten des Wurms. Giebt es denn Bäume, von Engeln beflogen,
und von verborgenen langsamen Gärtnern so seltsam gezogen,
daß sie uns tragen, ohne uns zu gehören?

Haben wir niemals vermocht, wir Schatten und Schemen,
durch unser voreilig reifes und wieder welkes Benehmen
jener gelassenen Sommer Gleichmut zu stören?

XVIII

TÄNZERIN: o du Verlegung
alles Vergehens in Gang: wie brachtest du's dar.
Und der Wirbel am Schluß, dieser Baum aus Bewegung,
nahm er nicht ganz in Besitz das erschwungene Jahr?

Blühte nicht, daß ihn dein Schwingen von vorhin umschwärme,
plötzlich sein Wipfel von Stille? Und über ihr,
war sie nicht Sonne, war sie nicht Sommer, die Wärme,
diese unzählige Wärme aus dir?

Aber er trug auch, er trug, dein Baum der Ekstase.
Sind sie nicht seine ruhigen Früchte: der Krug,
reifend gestreift, und die gereiftere Vase?

Und in den Bildern: ist nicht die Zeichnung geblieben,
die deiner Braue dunkler Zug
rasch an die Wandung der eigenen Wendung geschrieben?

XIX

IRGENDWO wohnt das Gold in der verwöhnenden Bank
und mit Tausenden tut es vertraulich. Doch jener
Blinde, der Bettler, ist selbst dem kupfernen Zehner
wie ein verlorener Ort, wie das staubige Eck unterm Schrank.

In den Geschäften entlang ist das Geld wie zuhause
und verkleidet sich scheinbar in Seide, Nelken und Pelz.
Er, der Schweigende, steht in der Atempause
alles des wach oder schlafend atmenden Gelds.

O wie mag sie sich schließen bei Nacht, diese immer offene Hand.
Morgen holt sie das Schicksal wieder, und täglich
hält es sie hin: hell, elend, unendlich zerstörbar.

Daß doch einer, ein Schauender, endlich ihren langen Bestand
staunend begriffe und rühmte. Nur dem Aufsingenden säglich.
Nur dem Göttlichen hörbar.

XX

ZWISCHEN den Sternen, wie weit; und doch, um wievieles
                                              noch weiter,
was man am Hiesigen lernt.
Einer, zum Beispiel, ein Kind... und ein Nächster, ein Zweiter –,
o wie unfaßlich entfernt.

Schicksal, es mißt uns vielleicht mit des Seienden Spanne,
daß es uns fremd erscheint;
denk, wieviel Spannen allein vom Mädchen zum Manne,
wenn es ihn meidet und meint.

Alles ist weit –, und nirgends schließt sich der Kreis.
Sieh in der Schüssel, auf heiter bereitetem Tische,
seltsam der Fische Gesicht.

Fische sind stumm..., meinte man einmal. Wer weiß?
Aber ist nicht am Ende ein Ort, wo man das, was der Fische
Sprache wäre, *ohne* sie spricht?

XXI

SINGE die Gärten, mein Herz, die du nicht kennst; wie in Glas
eingegossene Gärten, klar, unerreichbar.
Wasser und Rosen von Ispahan oder Schiras,
singe sie selig, preise sie, keinem vergleichbar.

Zeige, mein Herz, daß du sie niemals entbehrst.
Daß sie dich meinen, ihre reifenden Feigen.
Daß du mit ihnen, zwischen den blühenden Zweigen
wie zum Gesicht gesteigerten Lüften verkehrst.

Meide den Irrtum, daß es Entbehrungen gebe
für den geschehnen Entschluß, diesen: zu sein!
Seidener Faden, kamst du hinein ins Gewebe.

Welchem der Bilder du auch im Innern geeint bist
(sei es selbst ein Moment aus dem Leben der Pein),
fühl, daß der ganze, der rühmliche Teppich gemeint ist.

XXII

O TROTZ Schicksal: die herrlichen Überflüsse
unseres Daseins, in Parken übergeschäumt, –
oder als steinerne Männer neben die Schlüsse
hoher Portale, unter Balkone gebäumt!

O die eherne Glocke, die ihre Keule
täglich wider den stumpfen Alltag hebt.
Oder die *eine*, in Karnak, die Säule, die Säule,
die fast ewige Tempel überlebt.

Heute stürzen die Überschüsse, dieselben,
nur noch als Eile vorbei, aus dem waagrechten gelben
Tag in die blendend mit Licht übertriebene Nacht.

Aber das Rasen zergeht und läßt keine Spuren.
Kurven des Flugs durch die Luft und die, die sie fuhren,
keine vielleicht ist umsonst. Doch nur wie gedacht.

XXIII

Rufe mich zu jener deiner Stunden,
die dir unaufhörlich widersteht:
flehend nah wie das Gesicht von Hunden,
aber immer wieder weggedreht,

wenn du meinst, sie endlich zu erfassen.
So Entzognes ist am meisten dein.
Wir sind frei. Wir wurden dort entlassen,
wo wir meinten, erst begrüßt zu sein.

Bang verlangen wir nach einem Halte,
wir zu Jungen manchmal für das Alte
und zu alt für das, was niemals war.

Wir, gerecht nur, wo wir dennoch preisen,
weil wir, ach, der Ast sind und das Eisen
und das Süße reifender Gefahr.

XXIV

O DIESE Lust, immer neu, aus gelockertem Lehm!
Niemand beinah hat den frühesten Wagern geholfen.
Städte entstanden trotzdem an beseligten Golfen,
Wasser und Öl füllten die Krüge trotzdem.

Götter, wir planen sie erst in erkühnten Entwürfen,
die uns das mürrische Schicksal wieder zerstört.
Aber sie sind die Unsterblichen. Sehet, wir dürfen
jenen erhorchen, der uns am Ende erhört.

Wir, ein Geschlecht durch Jahrtausende: Mütter und Väter,
immer erfüllter von dem künftigen Kind,
daß es uns einst, übersteigend, erschüttere, später.

Wir, wir unendlich Gewagten, was haben wir Zeit!
Und nur der schweigsame Tod, der weiß, was wir sind
und was er immer gewinnt, wenn er uns leiht.

XXV

SCHON, horch, hörst du der ersten Harken
Arbeit; wieder den menschlichen Takt
in der verhaltenen Stille der starken
Vorfrühlingserde. Unabgeschmackt

scheint dir das Kommende. Jenes so oft
dir schon Gekommene scheint dir zu kommen
wieder wie Neues. Immer erhofft,
nahmst du es niemals. Es hat dich genommen.

Selbst die Blätter durchwinterter Eichen
scheinen im Abend ein künftiges Braun.
Manchmal geben sich Lüfte ein Zeichen.

Schwarz sind die Sträucher. Doch Haufen von Dünger
lagern als satteres Schwarz in den Aun.
Jede Stunde, die hingeht, wird jünger.

XXVI

Wie ergreift uns der Vogelschrei...
Irgend ein einmal erschaffenes Schreien.
Aber die Kinder schon, spielend im Freien,
schreien an wirklichen Schreien vorbei.

Schreien den Zufall. In Zwischenräume
dieses, des Weltraums, (in welchen der heile
Vogelschrei eingeht, wie Menschen in Träume –)
treiben sie ihre, des Kreischens, Keile.

Wehe, wo sind wir? Immer noch freier,
wie die losgerissenen Drachen
jagen wir halbhoch, mit Rändern von Lachen,

windig zerfetzten. – Ordne die Schreier,
singender Gott! daß sie rauschend erwachen,
tragend als Strömung das Haupt und die Leier.

XXVII

GIEBT es wirklich die Zeit, die zerstörende?
Wann, auf dem ruhenden Berg, zerbricht sie die Burg?
Dieses Herz, das unendlich den Göttern gehörende,
wann vergewaltigts der Demiurg?

Sind wir wirklich so ängstlich Zerbrechliche,
wie das Schicksal uns wahr machen will?
Ist die Kindheit, die tiefe, versprechliche,
in den Wurzeln – später – still?

Ach, das Gespenst des Vergänglichen,
durch den arglos Empfänglichen
geht es, als wär es ein Rauch.

Als die, die wir sind, als die Treibenden,
gelten wir doch bei bleibenden
Kräften als göttlicher Brauch.

XXVIII

O komm und geh. Du, fast noch Kind, ergänze
für einen Augenblick die Tanzfigur
zum reinen Sternbild einer jener Tänze,
darin wir die dumpf ordnende Natur

vergänglich übertreffen. Denn sie regte
sich völlig hörend nur, da Orpheus sang.
Du warst noch die von damals her Bewegte
und leicht befremdet, wenn ein Baum sich lang

besann, mit dir nach dem Gehör zu gehn.
Du wußtest noch die Stelle, wo die Leier
sich tönend hob –; die unerhörte Mitte.

Für sie versuchtest du die schönen Schritte
und hofftest, einmal zu der heilen Feier
des Freundes Gang und Antlitz hinzudrehn.

XXIX

STILLER Freund der vielen Fernen, fühle,
wie dein Atem noch den Raum vermehrt.
Im Gebälk der finstern Glockenstühle
laß dich läuten. Das, was an dir zehrt,

wird ein Starkes über dieser Nahrung.
Geh in der Verwandlung aus und ein.
Was ist deine leidendste Erfahrung?
Ist dir Trinken bitter, werde Wein.

Sei in dieser Nacht aus Übermaß
Zauberkraft am Kreuzweg deiner Sinne,
ihrer seltsamen Begegnung Sinn.

Und wenn dich das Irdische vergaß,
zu der stillen Erde sag: Ich rinne.
Zu dem raschen Wasser sprich: Ich bin.

Gedichte aus dem Nachlass

‹MANDELBÄUME IN BLÜTE›

Die Mandelbäume in Blüte: alles, was wir
hier leisten können, ist, sich ohne Rest erkennen
in der irdischen Erscheinung.

UNENDLICH staun ich euch an, ihr Seligen, euer Benehmen,
wie ihr die schwindliche Zier traget in ewigem Sinn.
Ach wers verstünde zu blühn: dem wär das Herz über alle
schwachen Gefahren hinaus und in der großen getrost.

AUSGESETZT auf den Bergen des Herzens. Siehe, wie klein dort,
siehe: die letzte Ortschaft der Worte, und höher,
aber wie klein auch, noch ein letztes
Gehöft von Gefühl. Erkennst du's?
Ausgesetzt auf den Bergen des Herzens. Steingrund
unter den Händen. Hier blüht wohl
einiges auf; aus stummem Absturz
blüht ein unwissendes Kraut singend hervor.
Aber der Wissende? Ach, der zu wissen begann
und schweigt nun, ausgesetzt auf den Bergen des Herzens.
Da geht wohl, heilen Bewußtseins,
manches umher, manches gesicherte Bergtier,
wechselt und weilt. Und der große geborgene Vogel
kreist um der Gipfel reine Verweigerung. – Aber
ungeborgen, hier auf den Bergen des Herzens...

IMMER wieder, ob wir der Liebe Landschaft auch kennen
und den kleinen Kirchhof mit seinen klagenden Namen
und die furchtbar verschweigende Schlucht, in welcher die andern
enden: immer wieder gehn wir zu zweien hinaus
unter die alten Bäume, lagern uns immer wieder
zwischen die Blumen, gegenüber dem Himmel.

MANCHMAL noch empfind ich völlig jenen
Kinder-Jubel, *ihn*:
da ein Laufen von den Hügellehnen
schon wie Neigung schien.

Da Geliebt-Sein noch nicht band und mühte,
und beim Nachtlicht-Schein
sich das Aug schloß wie die blaue Blüte
von dem blauen Lein.

Und da Lieben noch ein blindes Breiten
halber Arme war –,
nie so ganz um Einen, um den Zweiten:
offen, arm und klar.

WIR sind nur Mund. Wer singt das ferne Herz,
das heil inmitten aller Dinge weilt?
Sein großer Schlag ist in uns eingeteilt
in kleine Schläge. Und sein großer Schmerz
ist, wie sein großer Jubel, uns zu groß.
So reißen wir uns immer wieder los
und sind nur Mund. Aber auf einmal bricht
der große Herzschlag heimlich in uns ein,
so daß wir schrein –,
und sind dann Wesen, Wandlung und Gesicht.

WEINBERGTERRASSEN, wie Manuale:
Sonnenanschlag den ganzen Tag.
Dann von der gebenden Rebe zur Schale
überklingender Übertrag.

Schließlich Gehör in empfangenden Munden
für den vollendeten Traubenton.
Wovon ward die tragende Landschaft entbunden?
Fühl ich die Tochter? Erkenn ich den Sohn?

DIES ist Besitz: daß uns vorüberflog
die Möglichkeit des Glücks. Nein, nicht einmal.
Un-Möglichkeit sogar; nur ein Vermuten,
daß dieser Sommer, dieser Gartensaal, –
daß die Musik hinklingender Minuten
unschuldig war, da sie uns rein betrog.

Du, schon Erwachsene, wie denk ich dein.
Nicht mehr wie einst, als ein bestürztes Kind,
nun, beinah wie ein Gott, in seiner Freude.
Wenn solche Stunden unvergänglich sind,
was dürfte dann das Leben für Gebäude
in uns errichten aus Geruch und Schein.

DASS ich die Früchte beschrieb,
kams vielleicht durch dein Bücken
zum Erdbeerbeet;
und wenn keine Blume in mir vergeht,
ist es vielleicht, weil Freude dich trieb,
eine zu pflücken?

Ich weiß, wie du liefst,
und plötzlich, du Atemlose,
warst du wartend mir zugewandt.
Ich saß bei dir, da du schliefst;
deine linke Hand
lag wie eine Rose.

EROS

MASKEN! Masken! Daß man Eros blende.
Wer erträgt sein strahlendes Gesicht,
wenn er wie die Sommersonnenwende
frühlingliches Vorspiel unterbricht.

Wie es unversehens im Geplauder
anders wird und ernsthaft... Etwas schrie...
Und er wirft den namenlosen Schauder
wie ein Tempelinnres über sie.

Oh verloren, plötzlich, oh verloren!
Göttliche umarmen schnell.
Leben wand sich, Schicksal ward geboren.
Und im Innern weint ein Quell.

VORFRÜHLING

HÄRTE schwand. Auf einmal legt sich Schonung
an der Wiesen aufgedecktes Grau.
Kleine Wasser ändern die Betonung.
Zärtlichkeiten, ungenau,

greifen nach der Erde aus dem Raum.
Wege gehen weit ins Land und zeigens.
Unvermutet siehst du seines Steigens
Ausdruck in dem leeren Baum.

VERGÄNGLICHKEIT

FLUGSAND der Stunden. Leise fortwährende Schwindung
auch noch des glücklich gesegneten Baus.
Leben weht immer. Schon ragen ohne Verbindung
die nicht mehr tragenden Säulen heraus.

Aber Verfall: ist er trauriger, als der Fontäne
Rückkehr zum Spiegel, den sie mit Schimmer bestaubt?
Halten wir uns dem Wandel zwischen die Zähne,
daß er uns völlig begreift in sein schauendes Haupt.

GÖTTER schreiten vielleicht   immer im gleichen Gewähren,
   wo unser Himmel beginnt;
wie in Gedanken erreicht   unsere schwereren Ähren,
   sanft sie wendend, ihr Wind.

Wer sie zu fühlen vergaß,   leistet nicht ganz die Verzichtung:
   dennoch haben sie teil.
Schweigsam, einfach und heil   legt sich an seine Errichtung
   plötzlich ihr anderes Maß.

HANDINNERES

INNRES der Hand. Sohle, die nicht mehr geht
als auf Gefühl. Die sich nach oben hält
und im Spiegel
himmlische Straßen empfängt, die selber
wandelnden.
Die gelernt hat, auf Wasser zu gehn,
wenn sie schöpft,
die auf den Brunnen geht,
aller Wege Verwandlerin.
Die auftritt in anderen Händen,
die ihresgleichen
zur Landschaft macht:
wandert und ankommt in ihnen,
sie anfüllt mit Ankunft.

SCHWERKRAFT

MITTE, wie du aus allen
dich ziehst, auch noch aus Fliegenden dich
wiedergewinnst, Mitte, du Stärkste.

Stehender: wie ein Trank den Durst
durchstürzt ihn die Schwerkraft.

Doch aus dem Schlafenden fällt,
wie aus lagernder Wolke,
reichlicher Regen der Schwere.

Herbst

Oh hoher Baum des Schauns, der sich entlaubt:
nun heißts gewachsen sein dem Übermaße
von Himmel, das durch seine Äste bricht.
Erfüllt vom Sommer, schien er tief und dicht,
uns beinah denkend, ein vertrautes Haupt.
Nun wird sein ganzes Innere zur Straße
des Himmels. Und der Himmel kennt uns nicht.

Ein Äußerstes: daß wir wie Vogelflug
uns werfen durch das neue Aufgetane,
das uns verleugnet mit dem Recht des Raums,
der nur mit Welten umgeht. Unsres Saums
Wellen-Gefühle suchen nach Bezug
und trösten sich im Offenen als Fahne –
. . . .

Aber ein Heimweh meint das Haupt des Baums.

ACH, nicht getrennt sein,
nicht durch so wenig Wandung
ausgeschlossen vom Sternen-Maß.
Innres, was ists?
Wenn nicht gesteigerter Himmel,
durchworfen mit Vögeln und tief
von Winden der Heimkehr.

JETZT wär es Zeit, daß Götter träten aus
bewohnten Dingen...
Und daß sie jede Wand in meinem Haus
umschlügen. Neue Seite. Nur der Wind,
den solches Blatt im Wenden würfe, reichte hin,
die Luft, wie eine Scholle, umzuschaufeln:
ein neues Atemfeld. Oh Götter, Götter!
Ihr Oftgekommnen, Schläfer in den Dingen,
die heiter aufstehn, die sich an den Brunnen,
die wir vermuten, Hals und Antlitz waschen
und die ihr Ausgeruhtsein leicht hinzutun
zu dem, was voll scheint, unserm vollen Leben.
Noch einmal sei es euer Morgen, Götter.
Wir wiederholen. Ihr allein seid Ursprung.
Die Welt steht auf mit euch, und Anfang glänzt
an allen Bruchstelln unseres Mißlingens...

Rose, oh reiner Widerspruch, Lust,
Niemandes Schlaf zu sein unter soviel
Lidern.

*Das Testament Rilkes vom 27. Oktober 1925
legt dieses Gedicht als seinen Grabspruch fest.*

KOMM du, du letzter, den ich anerkenne,
heilloser Schmerz im leiblichen Geweb:
wie ich im Geiste brannte, sieh, ich brenne
in dir; das Holz hat lange widerstrebt,
der Flamme, die du loderst, zuzustimmen,
nun aber nähr' ich dich und brenn in dir.
Mein hiesig Mildsein wird in deinem Grimmen
ein Grimm der Hölle nicht von hier.
Ganz rein, ganz planlos frei von Zukunft stieg
ich auf des Leidens wirren Scheiterhaufen,
so sicher nirgend Künftiges zu kaufen
um dieses Herz, darin der Vorrat schwieg.
Bin ich es noch, der da unkenntlich brennt?
Erinnerungen reiß ich nicht herein.
O Leben, Leben: Draußensein.
Und ich in Lohe. Niemand der mich kennt.

Etwa Mitte Dezember 1926.
Die letzte Eintragung im letzten Taschenbuch.

Anhang

DER DUNKLE WUNSCH ALLER DINGE
Zu Leben und Werk Rainer Maria Rilkes

Seine Biographie liest sich wie ein Kolportageroman des 19. Jahrhunderts, in dem ein Trivialautor alle Klischees über ein Dichterleben zusammengetragen hat. Nichts, was sich der brave Bürger mit leichtem Schaudern darunter vorstellt, hat René Karl Wilhelm Johann Josef Maria Rilke, der sich auf Anraten seiner Geliebten Lou Andreas-Salomé in Rainer Maria umtaufte, ausgelassen: Nie ein anständiger Beruf, nie – auch nicht in den Jahren des Ruhms – eine wirkliche materielle Sicherheit, ausgehalten vor allem von reichen Gönnerinnen und einigen Gönnern, wie ein Troubadour durch Europa ziehend. Eine Vielzahl verschiedenartigster Liebschaften, eine Ehe, die trotz eines gemeinsamen Kindes gerade einmal ein Jahr hält, und eine große, lebenslange Liebe zu einer älteren, verheirateten Frau. Eine einzigartige Phase höchster dichterischer Inspiration, in der er innerhalb von drei Wochen fast alle seine Meisterwerke niederschreibt. Ein Lebensabend in einer kärglich-romantischen Eremitage hoch über dem Rhone-Tal und ein qualvolles Sterben an Leukämie, seinerzeit »Blutarmut« genannt.

Im Hinblick auf Rilkes letzte Lebensjahre konnte mancher Biograph der Versuchung nicht widerstehen, Parallelen vom Turm von Muzot im Wallis zu dem Turm am Neckar zu ziehen, in dem ein anderer großer deutscher Lyriker, der einzige wohl, der Rilke ebenbürtig ist, sein Lebensende verbrachte. Aber die fast vierzig Jahre, die Friedrich Hölderlin in Tübingen verdämmerte, sind so wenig vergleichbar mit Rilkes letzten Jahren wie die kurze, verzweifelte Blüte des genialen Schwaben mit dem gesellschaftlichen Renommée, der europäischen Prominenz des fast genau hundert Jahre später geborenen Pragers.

Rilke hat das seltene Glück genossen, in einer letzten Glanzzeit des alten, kultiviert-aristokratischen Europa Anschluß an eine kunstliebende Elite zu finden, die ihn annahm und förderte, wiewohl er selbst über sie zu befinden hatte: »Die Könige der Welt sind alt / und werden keine Erben haben...«
Es ist bemerkenswert, mit welcher Selbstverständlichkeit sich dieser Sohn eines kleinen Prager Beamten zwischen den gesellschaftlichen, politischen und künstlerischen Größen seiner Zeit bewegt hat – Auguste Rodin, Leo Graf Tolstoi, Hugo von Hofmannsthal, Gerhart Hauptmann, Paul Valéry, André Gide, Heinrich Vogeler, Paula Modersohn-Becker, Walther Rathenau, Ernst Toller, Kurt Eisner, Harry Graf Kessler, Annette Kolb, Franz Werfel zählten zu seinem engeren Freundeskreis. Und dazu all die Frauen: die Fürstin Marie von Thurn und Taxis, der er die »Duineser Elegien« zugeeignet hat, die Schauspielerin Eleonore Duse, die Malerin Blandine Klossowska, Claire Studer, bekannter geworden als Claire Goll, die Verlegersgattin Katharina Kippenberg und andere, so viele, daß Oskar Maria Graf einer namenlosen jungen – und zweifellos hübschen – Münchnerin in den Mund legte: »Für einen solchen Mann ist jede Frau nur eine Durchgangsstation.«
Der ersten und einzigen großen Liebe seines Lebens war er allerdings schon im Alter von einundzwanzig Jahren begegnet, als er im Münchner Salon des Romanciers Jakob Wassermann im Mai 1897 der vierzehn Jahre älteren Schriftstellerin Lou Andreas-Salomé vorgestellt worden war. Die Tochter eines baltendeutschen Generals in russischen Diensten war damals längst schon berühmt – in den Augen vieler nicht weniger berüchtigt. Denn sie hatte nicht nur ein sehr beachtetes Buch über Friedrich Nietzsche geschrieben. In den Klatschzirkeln des gebildeten Europa wurde der Ausbruch von Nietzsches Geisteskrankheit auch damit in Verbindung gebracht, daß Lou seinen Heiratsantrag abgelehnt und 1887 den Orientalisten Friedrich Carl Andreas zum Mann genommen habe. Sie war zweifellos eine der interes-

santesten und intelligentesten Frauen ihrer Zeit, und ihre bis heute reichende Bedeutung gründet sich vor allem darauf, daß sie eine der ersten und wichtigsten Schülerinnen Sigmund Freuds werden sollte.

In die knapp vier Jahre, die Lou und Rilke anschließend in näherer, regelmäßiger Gemeinschaft verbringen, fallen entscheidende Prägungen des Dichters, ohne die sein späteres Werk nicht denkbar wäre. Etwa seit dem Jahr 1898 entstehen die Werke Rilkes, die für uns heute Geltung haben. Maßgeblichen Einfluß hatten darauf neben der persönlichen Erfahrung der Beziehung zu Lou auch die beiden Reisen nach Rußland, die er mit der Geliebten unternimmt (1899 und 1900). Aus den Begegnungen und Bildern dieser völlig anderen Welt erwächst der erste Zyklus des »Stunden-Buchs«, »Das Buch vom mönchischen Leben«, in dem uns Rilke erstmals ohne den epigonalen Gestus seines Jugendwerks gegenübertritt. Die Auswahl im vorliegenden Band setzt daher auch mit diesen Gedichten ein.

Hier begegnet der Leser zum ersten Mal jener unvergleichlichen Melodik des Rilkeschen Verses, die er oft aus syntaktisch wie semantisch höchst bedenklichen Fügungen gewinnt, sprachliche Parforce-Akte mit hohem Risiko: »Ich bin ein Baum vor meinem Hintergrunde, / ich bin nur einer meiner vielen Munde / und jener, welcher sich am frühsten schließt. // Ich bin die Ruhe zwischen zweien Tönen / ... / Aber im dunklen Intervall versöhnen / sich beide zitternd / und das Lied bleibt schön.« Gerade die »dunklen Intervalle« auf der Sinnebene sind es, die den schwebenden, harmonischen Klang des Gedichts auf seine Bestimmung hinführen: schön zu sein. Die andere Neuorientierung in seinem Werk, die Rilke in der Zeit mit Lou vornimmt, ist die zyklische Ordnung seiner Gedichte, wie er sie im »Buch vom mönchischen Leben« erstmals gestaltet, das unmittelbar nach der ersten Rußlandreise entsteht. Verglichen mit der zufälligen, qualitativ äußerst schwankenden Produktion der Jugenddichtung gewinnt seine Lyrik durch die strenge Ordnung in Zyklen und die (zumindest äußerliche) Begrenzung von Perspektive und Thematik auf das mönchische Leben eine ganz neue Konzentration, aus der sich eine innere Weite und ein Gedankenreichtum entfalten kann, der nicht mehr Gefahr läuft, in gereimten Beliebigkeiten zu zerfasern.

Daß die Form des »Stunden-Buches«, eines geistlich-meditativen Breviers, dem erklärten Atheisten Rilke zur Vorlage seiner ersten großen Dichtung dient, ist einer jener »reinen« Widersprüche, aus denen sich künftig alle Werke des Dichters entfalten sollten. Denn der Gott, den Rilkes Lyrik überreichlich im Munde führt, hat mit christlicher Denkweise nichts zu schaffen – ihr muß er vielmehr als ungeheuerliche Häresie erscheinen, zumal in Versen wie: »Was wirst du tun, Gott, wenn ich sterbe...«

In den Jahren zwischen 1902 und 1908 erscheinen die drei Gedichtsammlungen und der kleine Prosaband, auf denen der populäre Ruhm Rilkes beruht. »Das Buch der Bilder« (1902) hat dem deutschen Schullesebuch so unverzichtbare Stücke geschenkt wie »Der Knabe« (»Ich möchte einer werden so wie die, / die durch die Nacht mit wilden Pferden fahren...«) und den »Herbsttag«, dessen in den Zitatenschatz eingegangene Schlußstrophe (»Wer jetzt kein Haus hat, baut sich keines mehr...«) jedem Bausparer so einleuchtete, daß der wunderbar-wuchtige, typisch Rilkesche Auftakt fast in Vergessenheit geriet: »Herr: es ist Zeit. Der Sommer war sehr groß. / Leg deinen Schatten auf die Sonnenuhren...«

Im »Stunden-Buch« (1905) finden sich vor allem jene Gedichte, die für das religiöse Mißverständnis verantwortlich sind: »Ich kreise um Gott, um den uralten Turm...« oder das ebenfalls in keinem Lesebuch fehlende »Werkleute sind wir: Knappen, Jünger, Meister, / und bauen dich, du hohes Mittelschiff...« Dieses letztgenannte Bild, das Rilke sehr oft benutzt, kann nicht christlich verstanden und lediglich auf die Aussage des Schlußverses reduziert werden: »Gott, du bist groß«. Denn dieser »Gott« ist ein Konstrukt, aus einer animistisch beseelten

Welt gewonnen und vom Menschen gestaltet: »Ich finde dich in allen diesen Dingen, / denen ich gut und wie ein Bruder bin...«

In den beiden Bänden der »Neuen Gedichte« (1907/08) steht Rilkes wohl berühmtestes Gedicht »Der Panther«, dazu »Das Karussell« und das von den Interpreten so innig geliebte »Der Ball« – Inbegriff des Rilkeschen Ding-Gedichtes. Und dazwischen, im Auftakt des zweiten Teiles, der »Archaïsche Torso Apollos«, dessen ungeheuerlich-anmaßende Schlußverse wohl einzigartig in der Weltliteratur dastehen und ein Versprechen bilden auf das, was in den »Duineser Elegien« verwirklicht werden sollte: »...denn da ist keine Stelle, / die dich nicht sieht. Du mußt dein Leben ändern.«

Und es erscheint 1906 das Werk, das sowohl für Rilkes Ruhm wie für seine relative finanzielle Sicherheit ganz entscheidend war: die lyrische Prosaballadeske »Die Weise von Liebe und Tod des Cornets Christoph Rilke«, berühmt geworden als Bestseller und »Band 1« der Insel-Bücherei – ein Werk, an dem wie an wenigen anderen studiert werden kann, wie haarfein die Grenze zwischen Kitsch und Kunst ist.

Rilke hätte bereits zu den Großen der deutschen Literatur gehört, wäre sein Werk schon abgeschlossen gewesen mit dem, was bis zum Jahr 1910 erschienen ist, einschließlich seines einzigen Romans »Die Aufzeichnungen des Malte Laurids Brigge«, mit dem er der deutschen epischen Literatur den Weg in die Erzählformen des inneren Erlebens eröffnete, die für den Roman des 20. Jahrhunderts bestimmend wurden. Aber seine wahren Meisterwerke standen noch aus.

Im Jahr 1910 folgt Rilke der Einladung der Fürstin Marie von Thurn und Taxis auf ihr Schloß Duino bei Triest, im Winter 1911/12 wiederholt er den Besuch, bei dem im Januar und Februar die ersten Elegien entstehen, in deren Bann der Dichter nun genau zehn Jahre lang stehen würde. Das Versprechen, das der »Archaïsche Torso Apollos« auf eine neue, andere Kunst gegeben hatte, sollte in der großen Kosmologie der »Duineser

Elegien« eingelöst werden, mit einem universalen Anspruch und einem ästhetischen wie philosophischen Risiko, das Rilke wohl erst im Verlauf der Arbeit bewußt wurde. Geschult durch den langen Umgang mit Rodin und seinem plastischen Werk hatte Rilke seinen Kunstanspruch im »Torso« formuliert: »...Sonst stünde dieser Stein entstellt und kurz / unter der Schultern durchsichtigem Sturz / und flimmerte nicht so wie Raubtierfelle; // und bräche nicht aus allen seinen Rändern / aus wie ein Stern: denn da ist keine Stelle, / die dich nicht sieht. Du mußt dein Leben ändern.«

Das wunderbare Bild jenes Flimmerns, des Ausbrechens der künstlerischen Form aus ihrer materiellen Gestalt, bezeichnet genau jenes »Mehr«, das die »Duineser Elegien« und die »Sonette an Orpheus« gegenüber den »Neuen Gedichten« mit ihrem Hohelied der Dinge auszeichnet. Es war ja die Intention schon darin, in den einzelnen, verstreuten Teilen der Realität jeweils das Geheimnis des Ganzen aufzusuchen, die Seele der Welt, die vielleicht auch Gott heißen darf, im Fluge eines Balles ebenso zu erkennen wie im Blau der Hortensien. »So weit man das absehen mag«, schreibt Rilke am 11. März 1908 aus Capri an seinen Verleger Kippenberg, »ist aber meine lyrische Arbeit (...) ein persönliches Besitzergreifen, eine Bewältigung der Außenwelt, hinter der sich andere Aufgaben, Verdichtungen und Lösungen vorbereiten...«

»Nirgends wird Welt sein, Geliebte, als innen«, sagt die siebente Elegie in einem ebenso gern zitierten wie mißverstandenen Vers Rilkes, der ähnlich wie die eigentümlich einsam ins »Stunden-Buch« gestellte Zeile »Denn Armut ist ein großer Glanz aus Innen...« zumeist mißbraucht wird als Zeugnis für eine deutsch-gemütliche Innerlichkeit, die jeder bösen Welt abschwört. Aber dieses »Innen« Rilkes meint ganz anderes, es meint eine Welt-Immanenz, in der die traditionelle philosophische Trennung Welt – Ich, Innen – Außen, Subjekt – Objekt aufgehoben ist zugunsten einer neuen, nur in der Kunst rea-

lisierbaren Perspektive. »Die Kunst«, sagt Rilke schon in einem Aufsatz aus dem Jahre 1900, »ist der dunkle Wunsch aller Dinge« – ein Satz, der tollkühn alle Vorstellungen von lyrischem Ich und Welt verabschiedet. Und in dem vielgeliebten »Panther«-Gedicht finden wir den Vorgang umgekehrt, als Darstellung eines ästhetischen Prinzips, in der die Ästhetik auch wieder zu ihrem alten Sinn als der »Lehre von der Wahrnehmung« findet: »Nur manchmal schiebt der Vorhang der Pupille / sich lautlos auf –. Dann geht ein Bild hinein, / geht durch der Glieder angespannte Stille – / und hört im Herzen auf zu sein.«
Was hier als Vorgang geschildert wird, ist jenes Widerspiel aus Entstofflichung der Dinge und Verstofflichung des Geistigen, das Rilke bei den französischen Symbolisten, vor allem bei Mallarmé, wahrgenommen und das er in der plastischen Kunst Rodins als vollendet bewundert hatte. Das Neue an der Kunst der »Elegien« und der »Sonette an Orpheus« ist in dieser Hinsicht, daß Rilke sich von dem Versuch wieder abwendet, im bloßen Bild des Dinges schon den Ausdruck seines inneren Seins, und damit zugleich auch des inneren Seins der ganzen Welt, zu gestalten. Was die »Duineser Elegien« so einzigartig macht, ist ihre an kaum einer Stelle mißlingende, auf hohem ästhetischen Niveau befremdende Vermischung von bildhaftem und abstraktem Sprechen, von Anschaulichkeit und Idee, eine Vermengung, die nur in der Sprache der Dichtung möglich wird, und nur in einer Dichtung, die die *Welt* zu Wort kommen läßt. »Gesang ist Dasein« wird es in den »Sonetten an Orpheus« heißen, die für Rilke die Bestätigung dafür bilden, daß nur die Dichter, die Sänger, auf jener Grenzlinie bestehen können, auf der die Rätsel von Welt und Mensch abbildbar werden.

Die Grenzen und der Versuch ihrer Überschreitung sind das Thema der gesamten Dichtung Rilkes seit der Aufnahme der Arbeit an den Elegien. Wie Orpheus, der mit seinem Gesang die Grenze zum Totenreich überwindet, um die geliebte Eurydike zu retten, mißt sich auch der Sänger der »Duineser Elegien« an jenen Wesen, für die keine Grenze besteht, an den Engeln, und er wird nicht müde, die Widersprüche und Beschränkungen zu beklagen, die der menschlichen Existenz eigen sind. Selbst die Tiere, sagt uns die erste Elegie, »merken es schon, / daß wir nicht sehr verläßlich zu Haus sind / in der gedeuteten Welt. Es bleibt uns vielleicht / irgend ein Baum an dem Abhang, daß wir ihn täglich / wiedersähen...«

Die Engel der »Duineser Elegien« sind die gewiß riskanteste poetische Imagination Rilkes – gegen eine jahrtausendealte Ikonographie und eine längst schon verkitschte Tradition erschafft er sie mit ungeheurem Selbstbewußtsein vollkommen neu als Emanationen jenes »stärkeren Daseins«, das immer und immer wieder den Menschen aus seiner Beschränktheit aufschreckt.

Es ist hier natürlich nicht möglich, die vielfältigen Bezüge und Aspekte, die den »Duineser Elegien« und den »Sonetten an Orpheus« abzugewinnen wären, auch nur andeutungsweise zu umreißen. Aber es seien noch einige Hinweise darauf versucht, wie sehr Rilkes Vorstellung der Engel mit seiner Idee einer einzigen, weder religiös noch philosophisch aufteilbaren Welt verbunden sind. Denn gerade indem sie das »Unbegreifliche« repräsentieren, ermöglichen die Engel, als die anwesenden Rätsel der Welt, eine Vorstellung des Ganzen, das unteilbar ist. Rilke hat diese Grundüberzeugung sehr plastisch in einem Brief an seinen polnischen Übersetzer Witold Hulewicz dargestellt, der am 13. November 1925 abgesandt wurde: »Der Tod ist die uns abgekehrte, von uns unbeschienene *Seite des Lebens*: wir müssen versuchen, das größeste Bewußtsein unseres Daseins zu leisten, das in *beiden unabgegrenzten Bereichen* zu Hause ist, *aus beiden unerschöpflich genährt*... Die wahre Lebensgestalt reicht durch *beide* Gebiete, das Blut des größesten Kreislaufs treibt durch beide: *es gibt weder ein Diesseits noch ein Jenseits, sondern die große Einheit*, in der die uns übertreffenden Wesen, die ›Engel‹, zu Hause sind.« (Alle Hervorhebungen von Rilke)

Was Rilke in seiner Dichtung vollzieht, ist eine unaufhörliche

Verwandlung der dem menschlichen Bewußtsein erscheinenden Widersprüche in Erscheinungen eines größeren Ganzen, und als Adressaten dieser Bilder des Wandels sucht sich der Dichter die Engel, denn nur sie können über das »Sägliche« hinaus, an dem die Sprache endet, ein Verständnis jenes »Unsäglichen« finden, das in der neunten Elegie den poetischen Imperativ Rilkes diktiert: »Preise dem Engel die Welt, nicht die unsägliche, *ihm* / kannst du nicht großtun mit herrlich Erfühltem / ... / Drum zeig / ihm das Einfache ... / Sag ihm die Dinge ... «

Es wurde schon auf die seltsame zeitliche Relation der Entstehung der »Duineser Elegien« und der »Sonette an Orpheus« hingewiesen. Nach den ersten Elegien, die 1912 entstehen, publiziert Rilke keine eigenen Werke mehr – er übersetzt, hält Vorträge, Lesungen, reist, bis ihn der Krieg 1914 in München festsetzt, und das Europa, dessen Bürger er war, endgültig untergeht. Als er 1919 endlich die Gelegenheit zu einer Vortragsreise in die Schweiz bekommt, wird er wieder zum »Fahrenden« – er zieht von Ort zu Ort, aber er wird nie mehr nach Deutschland zurückkehren. 1921 entdeckt er bei einem Ausflug ins Wallis oberhalb von Sierre den Schloßturm von Muzot aus dem 13. Jahrhundert, ein primitives Gemäuer, das er sich zu einer schlichten Klause ausbauen läßt. Als ob es nur dieses eigenen, festen Platzes bedurft hätte, schlägt schon im ersten Winter auf Muzot eine der Sternstunden der Weltliteratur: Zwischen dem 2. und dem 5. Februar entstehen fünfundzwanzig »Sonette an Orpheus«, das sechsundzwanzigste, das den Ersten Teil beschließt, entsteht am 11. Zwischen dem 7. und dem 11. Februar entstehen die fehlenden Duineser Elegien sechs bis neun und vor allem die zehnte, vor deren Abschluß Rilke am meisten gebangt hatte. Am 14. Februar ersetzt er die ursprünglich in der Mitte des Werkes geplanten »Gegen-Strophen« durch die fünfte, die »Saltimbanques«-Elegie. Am 23. Februar ist auch der Zweite Teil der »Sonette an Orpheus« abgeschlossen – in gerade einmal drei Wochen hat Rilke seine Meisterwerke vollendet und sich die literarische Unsterblichkeit gesichert. Ob die Geschichte der Literatur einen anderen, vergleichbaren Produktivitätsschub kennt, ist zu bezweifeln.

Was Rilke in seinen »Duineser Elegien« versuchte, war nichts Geringeres als eine Begründung der menschlichen Existenz aus den unübersehbaren Widersprüchen der Zeit heraus: »Dieses heißt Schicksal: gegenüber sein / und nichts als das und immer gegenüber.« Rilkes Antwort kann keine sein, die Lebensratschläge erteilt – es ist eine künstlerische Antwort, ein Echo auf die Klagen, aus denen die Form der Elegie sich herleitet. »Zwischen den Hämmern besteht / unser Herz, wie die Zunge / zwischen den Zähnen, die doch, / dennoch die preisende bleibt.« In den Verwandlungsformen des Lebens, zumal in ihrer grausamsten, im Tod, kann nur der Dichter, durch die Sprache als einzig universalem Verwandlungselement, das Verständnis dafür eröffnen, daß der Wechsel die einzig feste Form ist. Orpheus wurde deshalb zum Inbegriff des Dichters, weil er aus der tiefsten Trauer, der des Liebenden, seine Kunst gestaltete. »Geh in der Verwandlung aus und ein« wird er im Schlußsonett angesprochen, das dann in seiner letzten Terzine die Metamorphose der unvereinbaren Elemente vorstellt: »Und wenn dich das Irdische vergaß, / zu der stillen Erde sag: Ich rinne. / Zu dem raschen Wasser sprich: Ich bin.«

Im Rückblick auf Goethe, dem der Gedanke einer unendlichen Metamorphose in einer animistisch beseelten Welt noch die zentrale Idee seiner Kunstreligion sein konnte, wirkt Rilkes Konstrukt der Welt wesentlich fragiler, gefährdeter. Um so deutlicher aber zeichnet sich zu Beginn der Moderne, im Anfang des 20. Jahrhunderts sein Versuch ab, eine universelle Weltvorstellung literarisch noch zu realisieren. So fern die Engel, »die tödlichen Vögel der Seele«, ihrem Dichter, und uns, seinen Lesern, auch sein mögen – um so plastischer erscheinen sie als Objekte der Sehnsucht nach einer ganzheitlichen Welt, in der das *Eine* noch zugleich für das *Alles* zu stehen vermag.

Das Wunder der Verwandlung, und darin liegt ein Sinn der

Zwillingsgeburt der »Duineser Elegien« und der »Sonette an Orpheus«, ist nur noch im Wort des Dichters zu leisten, der seinen eigenen Platz im Sinngefüge der Welt hat. »Ein für alle Male / ists Orpheus wenn es singt...« – so nimmt Rilke auch seine Individualität zurück hinter den großen Anspruch, Teil jener umfassenden Stimme zu sein, die Hölderlin rühmte: »Was bleibet aber, stiften die Dichter.«

Wie winzig jedoch die Bilder werden, in denen diese Wahrnehmung noch möglich ist, zeigt sich am Ende der zehnten Elegie, als alle Klagen über die Befindlichkeit des Menschen und alle dennoch dagegen gehaltenen Rühmungen des Daseins in ein »Gleichnis« münden: »...siehe, sie zeigten vielleicht auf die Kätzchen der leeren / Hasel, die hängenden, oder / meinten den Regen, der fällt auf dunkles Erdreich im Frühjahr. –«

Das Wunder ist nur noch im Unscheinbaren zu finden – und so wird auch für Orpheus, für den Dichter, als Gedenken nicht der pompöse Stein gewünscht, sondern: »Laßt die Rose / nur jedes Jahr zu seinen Gunsten blühn.«

Die letzten Jahre in Muzot, natürlich vor allem auch jener unglaubliche Februar 1922, haben das Klischeebild von Rilke vollendet. Freilich gehört es ins Gebiet der Sage, daß es der Dorn einer Rose gewesen wäre, der ihn tödlich verletzt hätte. Rilke stirbt in den frühen Morgenstunden des 29. Dezember 1926 im Sanatorium Valmont bei Montreux an Leukämie. Als ob er geahnt hätte, wie sehr es die Nachwelt nach dem Geheimnis verlangen würde, das hinter seinem Leben und seiner Dichtung verborgen bleibt, verfügte er für seinen Grabstein eine Inschrift, in der einige Schlüsselworte seines Werkes zu einem kryptisch-vieldeutigen Wohlklang zusammengefügt sind:

»Rose, oh reiner Widerspruch, Lust
Niemandes Schlaf zu sein unter soviel
Lidern.«

In einem Fragment, wohl aus dem Umfeld der »Duineser Elegien«, hat Rilke 1914 ein Bild gezeichnet, das wie eine Replik wirkt auf die frühen, monumentalen Verse des »Ich kreise um Gott, den uralten Turm...« und das doch fast nachdrücklicher die Bewegungen seines Lebens und Werkes vorstellt:

> »Immer wieder, ob wir der Liebe Landschaft auch kennen
> und den kleinen Friedhof mit seinen klagenden Namen
> und die furchtbar verschweigende Schlucht, in welcher die
> andern
> enden: immer wieder gehn wir zu zweien hinaus
> unter die alten Bäume, lagern uns immer wieder
> zwischen die Blumen, gegenüber dem Himmel.«

Editorische Notiz

Die Textgestalt der Gedichte folgt der sechsbändigen Ausgabe, die 1955 im Insel Verlag, Frankfurt/Main erschienen ist: Rainer Maria Rilke. Sämtliche Werke in sechs Bänden. Herausgegeben vom Rilke-Archiv. In Verbindung mit Ruth Sieber-Rilke besorgt durch Ernst Zinn.

Diese Edition ist die bislang vollständigste und zuverlässigste von Rilkes Werk. Die Sammlungen »Das Stunden-Buch«, »Das Buch der Bilder« und »Neue Gedichte«, aus denen einzelne Stücke ausgewählt wurden, sowie die vollständig wiedergegebenen »Duineser Elegien« und »Die Sonette an Orpheus« finden sich im Band I der Zinnschen Ausgabe, die Gedichte aus dem Nachlaß in Band II.

ZEITTAFEL

1875 Am 4. Dezember in Prag geboren.
1886 Trennung der Eltern. Militär-Realschulen in St. Pölten und Mährisch-Weißkirchen.
1891 Handelsakademie Linz.
1892 Privatunterricht in Prag.
1894 Erste Buchpublikation: »Leben und Lieder«.
1895 Abitur. Aufnahme des Studiums in Prag (u. a. Kunstgeschichte, Philosophie, Literatur). »Larenopfer«.
1896 Studium in München.
1897 Begegnung mit Lou Andreas-Salomé in München. Rilke folgt ihr nach Berlin. »Traumgekrönt«.
1898 Berlin. Reise nach Norditalien.
1899 Erste Reise nach Rußland mit dem Ehepaar Andreas. »Mir zur Feier«.
1900 Zweite Reise nach Rußland mit Lou Andreas-Salomé. Auf Einladung Heinrich Vogelers in Worpswede.
1901 Heirat mit der Bildhauerin Clara Westhoff, Geburt der Tochter Ruth. Westerwede bei Bremen.
1902 Westerwede. »Das Buch der Bilder« erscheint. Auflösung des Familienhaushalts. Reise nach Paris. Beginn der Beschäftigung mit dem Werk Rodins.
1903 Zahlreiche Reisen, u. a. Rom, Paris.
1904 Reise nach Schweden. Beginn der Arbeit an den »Aufzeichnungen des Malte Laurids Brigge«.
1905 Worpswede und Paris. Beginn der Verbindung mit dem Insel Verlag und dem Verleger Anton Kippenberg: »Das Stunden-Buch«.
1906 Aufenthalt bei Rodin in Meudon-Val-Fleury. »Die Weise von Liebe und Tod des Cornets Christoph Rilke«.

1907	Paris. »Neue Gedichte«. Zahlreiche Reisen und Vortragsreisen.
1908	»Der Neuen Gedichte anderer Teil«.
1909	Paris: Begegnung mit der Fürstin Marie von Thurn und Taxis-Hohenlohe. Reise in die Provence.
1910	Im April erstmals auf Schloß Duino bei Triest auf Einladung der Fürstin Taxis. Reise nach Algier und Tunis. »Die Aufzeichnungen des Malte Laurids Brigge« erscheinen.
1911	Ägyptenreise. Im Winter auf Schloß Duino.
1912	Ende Januar entstehen die beiden ersten »Duineser Elegien«. Begegnung mit Eleonore Duse in Venedig. Spanienreise. Beginn einer regen Übersetzertätigkeit, zugleich kaum mehr eigene Publikationen. Die Arbeit an den »Elegien« wird nur wenigen Freunden bekannt.
1914	Ab Kriegsbeginn in München.
1915	Musterung.
1916	Halbjähriger Militärdienst im Kriegsarchiv in Wien. Rückkehr nach München.
1919	Vortragsreise durch die Schweiz. In Winterthur Begegnung mit den Brüdern Reinhart. Beginn der Schweizer Zeit. Rilke kehrt nicht mehr nach Deutschland zurück.
1920	In Genf Begegnung mit der Malerin Balandine Klossowska.
1921	Entdeckung des Château de Muzot bei Sierre im Wallis, das ihm sein Förderer Reinhart zunächst mietet, dann kauft.
1922	Zwischen dem 7. und dem 14. Februar Vollendung der »Duineser Elegien«, zugleich entstehen zwischen dem 2. und dem 23. Februar beide Teile der »Sonette an Orpheus«.
1923	»Duineser Elegien« und »Die Sonette an Orpheus« erscheinen. Erster Sanatoriumsaufenthalt in Valmont sur Territet am Genfer See.

1924 Es entstehen zahlreiche Gedichte in französischer Sprache.
1925 Januar bis August in Paris, danach in Muzot, ab Dezember im Sanatorium Valmont.
1926 Im Juni Rückkehr nach Muzot, ab dem 30. November wieder in Valmont, wo erst jetzt seine Krankheit als Leukämie erkannt wird. Am 13. Dezember der letzte Brief an Lou Andreas-Salomé mit dem russischen Abschiedsgruß »Leb wohl, meine Liebe«. Rilke stirbt am Morgen des 29. Dezember in Valmont.
1927 Am 2. Januar wird er auf dem Friedhof von Raron begraben. Im Herbst erscheint die sechsbändige Ausgabe seiner »Gesammelten Werke«.

Alphabetisches Verzeichnis
der
Gedichtanfänge und Überschriften

Ach, nicht getrennt sein 166
Alles Erworbne bedroht die Maschine, solange 128
Archaïscher Torso Apollos 47
Atmen, du unsichtbares Gedicht 119
Ausgesetzt auf den Bergen des Herzens. Siehe, wie klein dort 152

Blaue Hortensie 44
Blumen, ihr schließlich den ordnenden Händen verwandte 125
Blumenmuskel, der der Anemone 123

Da leben Menschen, weißerblühte, blasse 21
Da stieg ein Baum. O reine Übersteigung! 93
Dann sah ich auch Paläste, welche leben 27
Das Karussell 46
Das Rosen-Innere 51
Daß ich dereinst, an dem Ausgang der grimmigen Einsicht 86
Daß ich die Früchte beschrieb 158
Denn Armut ist ein großer Glanz aus Innen... 30
Denn Gärten sind, – von Königen gebaut 26

Denn, Herr, die großen Städte sind 20
Denn wir sind nur die Schale und das Blatt 23
Der Ball 54
Der blinde Mann, der auf der Brücke steht 34
Der Knabe 33
Der König von Münster 49
Der König war geschoren 49
Der Panther 43
Der Tod der Geliebten 48
Der Tod ist groß 39
Dich aber will ich nun, *Dich*, die ich kannte 117
Die Blätter fallen, fallen wie von weit 36
Die Flamingos 52
Die großen Städte sind nicht wahr; sie täuschen 25
Die Könige der Welt sind alt 18
Die Sonette an Orpheus. Erster Teil 93
Die Sonette an Orpheus. Zweiter Teil 119
Dies ist Besitz: daß uns vorüberflog 157
Dir aber, Herr, o was weih ich dir, sag 112
Du aber, Göttlicher, du, bis zuletzt noch Ertöner 118
Du, mein Freund, bist einsam, weil.... 108
Du Runder, der das Warme aus zwei Händen 54

DUINESER ELEGIEN 55
- Die erste Elegie (Wer, wenn ich schriee, hörte mich denn...) 57
- Die zweite Elegie (Jeder Engel ist schrecklich...) 61
- Die dritte Elegie (Eines ist, die Geliebte zu singen...) 64
- Die vierte Elegie (O Bäume Lebens, o wann winterlich...) 67
- Die fünfte Elegie (Wer aber *sind* sie, sag mir, die Fahrenden...) 70
- Die sechste Elegie (Feigenbaum, seit wie lange schon...) 74
- Die siebente Elegie (Werbung nicht mehr, nicht Werbung...) 76
- Die achte Elegie (Mit allen Augen sieht die Kreatur...) 80
- Die neunte Elegie (Warum, wenn es angeht, also die Frist des Daseins...) 83
- Die zehnte Elegie (Daß ich dereinst, an dem Ausgang...) 86

Ein Gott vermags. Wie aber, sag mir, soll 95
Eines ist, die Geliebte zu singen. Ein anderes, wehe 64
Einmal wenn ich dich verlier 53
Er wußte nur vom Tod was alle wissen 48
ERNSTE STUNDE 37
EROS 159
Errichtet keinen Denkstein. Laßt die Rose 97

Euch, die ihr nie mein Gefühl verließt 102

Feigenbaum, seit wie lange schon ists mir bedeutend 74
Flugsand der Stunden. Leise fortwährende Schwindung 161
Frühling ist wiedergekommen. Die Erde 113

Giebt es wirklich die Zeit, die zerstörende? 145
Götter schreiten vielleicht immer im gleichen Gewähren 162

HANDINNERES 163
Härte schwand. Auf einmal legt sich Schonung 160
Heil dem Geist, der uns verbinden mag 104
HERBST (Die Blätter fallen, fallen wie von weit) 36
HERBST (Oh hoher Baum des Schauns) 165
HERBSTTAG 35
Herr: es ist Zeit. Der Sommer war sehr groß 35
Herr: Wir sind ärmer denn die armen Tiere 24
Hörst du das Neue, Herr 110

Ich finde dich in allen diesen Dingen 13
Ich habe viele Brüder in Sutanen 10
Ich lebe mein Leben in wachsenden Ringen 9
Ich liebe dich, du sanftestes Gesetz 14
Ich möchte einer werden so wie die 33

Immer wieder, ob wir der Liebe
 Landschaft auch kennen 153
Immer wieder von uns aufgeris-
 sen 134
In Spiegelbildern wie von Fragon-
 ard 52
Innres der Hand. Sohle, die nicht
 mehr geht 163
Irgendwo wohnt das Gold in der
 verwöhnenden Bank 137
Ist einer, der nimmt alle in die
 Hand 38
Ist er ein Hiesiger? Nein, aus bei-
 den 98

Jeder Engel ist schrecklich. Und
 dennoch, weh mir 61
Jetzt reifen schon die roten Ber-
 beritzen 19
Jetzt wär es Zeit, daß Götter trä-
 ten aus 167

Komm du, du letzter, den ich an-
 erkenne 169

Manche, des Todes, entstand ru-
 hig geordnete Regel 129
Manchmal noch empfind ich völ-
 lig jenen 154
Manchmal steht einer auf beim
 Abendbrot 17
‹Mandelbäume in Blüte› 151
Masken! Masken! Daß man Eros
 blende 159
Mein Leben ist nicht diese steile
 Stunde 12
Mit allen Augen sieht die Krea-
 tur 80
Mit einem Dach und seinem
 Schatten dreht 46
Mitte, wie du aus allen 164

Nur im Raum der Rühmung darf
 die Klage 100
Nur wer die Leier schon
 hob 101

O Bäume Lebens, o wann winter-
 lich? 67
O Brunnen-Mund, du gebender,
 du Mund 133
O diese Lust, immer neu, aus ge-
 lockertem Lehm! 142
O dieses ist das Tier, das es nicht
 giebt 122
O erst *dann*, wenn der Flug 115
O Herr, gieb jedem seinen eignen
 Tod 22
O ihr Zärtlichen, tretet zuwei-
 len 96
O komm und geh. Du, fast noch
 Kind, ergänze 146
O trotz Schicksal: die herrlichen
 Überflüsse 140
Oh hoher Baum des Schauns, der
 sich entlaubt 165

PAPAGEIEN-PARK 50
PONT DU CARROUSEL 34

RÖMISCHE FONTÄNE 45
Rose, du thronende, denen im
 Altertume 124
Rose, oh reiner Widerspruch,
 Lust 168
Rufe mich zu jener deiner Stun-
 den 141
Rühmen, das ists! Ein zum Rüh-
 men Bestellter 99
Rühmt euch, ihr Richtenden,
 nicht der entbehrlichen Fol-
 ter 127

SCHLAFLIED 53
SCHLUSZSTÜCK 39
Schon, horch, hörst du der ersten
  Harken 143
SCHWERKRAFT 164
Sei allem Abschied voran, als
  wäre er hinter 131
Sein Blick ist vom Vorübergehn
  der Stäbe 43
Sie sind es nicht. Sie sind nur die
  Nicht-Reichen 29
Sieh den Himmel. Heißt kein
  Sternbild ›Reiter‹? 103
Siehe die Blumen, diese dem Irdi-
  schen treuen 132
Singe die Gärten, mein Herz, die
  du nicht kennst; wie in
  Glas 139
So wie das letzte Grün in Farben-
  tiegeln 44
So wie dem Meister manchmal
  das eilig 120
Sollen wir unsere uralte Freund-
  schaft, die großen 116
Spiegel: noch nie hat man wis-
  send beschrieben 121
Stiller Freund der vielen Fernen,
  fühle 147
STROPHEN 38

Tänzerin: o du Verlegung 136

Und fast ein Mädchen wars und
  ging hervor 94
Unendlich staun ich euch an,
  ihr Seligen, euer Beneh-
  men 151
Unter türkischen Linden, die
  blühen, an Rasenrän-
  dern 50

VERGÄNGLICHKEIT 161
Voller Apfel, Birne und Ba-
  nane 105
VORFRÜHLING 160

Wandelt sich rasch auch die
  Welt 111
Wartet…, das schmeckt…
  Schon ists auf der Flucht 107
Warum, wenn es angeht, also die
  Frist des Daseins 83
Was wirst du tun, Gott, wenn ich
  sterbe 16
Weinbergterrassen, wie Ma-
  nuale 156
Wenige ihr, der einstigen Kind-
  heit Gespielen 126
Wer aber *sind* sie, sag mir, die
  Fahrenden, diese ein
  wenig 70
Wer jetzt weint irgendwo in der
  Welt 37
Wer, wenn ich schriee, hörte
  mich denn aus der Engel 57
Werbung nicht mehr, nicht Wer-
  bung, entwachsene
  Stimme 76
Werkleute sind wir: Knappen,
  Jünger, Meister 15
Wie ergreift uns der Vogel-
  schrei… 144
Wir dürfen dich nicht eigen-
  mächtig malen 11
Wir gehen um mit Blume, Wein-
  blatt, Frucht 106
Wir kannten nicht sein unerhör-
  tes Haupt 47
Wir sind die Treibenden 114
Wir sind nur Mund. Wer singt
  das ferne Herz 155
Wo, in welchen immer selig be-

wässerten Gärten, an welchen 135
Wo ist zu diesem Innen 51
Wolle die Wandlung. O sei für die Flamme begeistert 130

Zu unterst der Alte, verworrn 109
Zwei Becken, eins das andre übersteigend 45
Zwischen den Sternen, wie weit; und doch, um wievieles noch weiter 138